[개정판]

ERASMUS

에라스무스

아 동
교육론

[개정판]

에라스무스 지음 김성훈 옮김

ERASMUS

에라스무스 아동 교육론

인간사랑

일러두기

이 책은 에라스무스의 'De pueris statim ac liberaliter instituendis declamatio'를 토론토대학교에서 영역한 'A declamation on the subject of early liberal education for children'을 중역하였습니다.

·차례·

영역판 서문

『아동교육론』은 에라스무스의 가장 중요한 교육 논고의 하나지만, 원래 교육만큼이나 수사학의 목적에 부합하는 글이었다. 에라스무스는 빌헬름(클레베 공작의 열세 살 아들)에게 바치는 글에서 『아동교육론』을 이탈리아 여행 중에(아마도 3년간의 이탈리아 체류 중 마지막 해인 1509년에) 수사학 논고인 『문체론』의 부록편으로 저술했다고 설명한다. 『아동교육론』은 『문체론』의 중심 주제인 어떻게 하나의 주장이 요약으로부터 완전한 형태로 수사학적인 확장을 이룰 수 있는지를 시연한 것이었다. 구체적인 경위는 생략한 채 에라스무스는 로마의 필사본자에게 주었던 원고가 그에게 돌아왔을 때 너무나도 불완전한 상태여서 흥미를 잃었고, 그로부터 시간이 꽤 지난 뒤에 "학식 있는 친구들"(특히 어린 빌헬름의 가정교사였던 콘라트 헤레스바흐)의 설득으로 원래의 논고[1]를 다시 정리해 완성했음을 회고한다.

『아동교육론』은 라틴어 원제가 암시하듯 발표문의 형태로 작성되었다. 고대 수사학의 관례에 따르자면 문학적인 실험 저작은 명시적으로 공개 연설을 위한 것이었지, 법정 변호와 같은 실천적인 목적을 위한 것이 아니었다. 『아동교육론』이 문학적이고 수사학적인 절차를 따르고 있다는 것은 의심의 여지가 없다. 우선 주장을 개략적으로 서술한 뒤에 부모들이 아이들을 가능한 한 빨리 자유교육으로 입문시켜야 한다는 논의를 더욱 상세하고 세련된 방식으로 전개한다. 『문체론』의 수사학 원칙과 보조를 맞출 요량으로 가끔은 논점에서 벗어나 지엽적인 것까지 매우 자세하게 설명하는데, 이때 고대 문학과 성경과 동시대 삶으로부터 풍부한

1 사실을 말하면, 『아동교육론』이 들어있는 원고는 토머스 럽셋에서 토머스 모어를 거쳐 에라스무스에게 전달되었다. 에라스무스에게 보낸 1516년 12월 15일자 편지에서 모어는 럽셋이 자기에게 원고를 건네며 에라스무스에게 전해줄 것을 당부했다고 말한다. 그러나 모어는 원고를 돌려주는데 게으름을 피웠다. 1517년 10월 26일자 편지에서 에라스무스는 럽셋에게 그가 아직 모어로부터 『문체론』의 부록편을 전달 받지 못했음을 알리면서 해당 원고를 모어에게 돌려준 것이 틀림없는지를 묻는다. 그 뒤에 1518년 3월 5일자 편지에서 에라스무스는 모어의 기억을 환기시키면서 "자네가 한 번 럽셋에게 『문체론』의 부록편을 내게 보내주라고 정중히 부탁해 보게"라고 푸념한다. 에라스무스는 원고가 럽셋의 수중에 있을 것이라고 생각한 것이다.

예시와 일화와 경구를 빌려와 주장을 정당화한다. 『아동교육론』의 수사학적 특징은 어느 한 극단으로 치닫지 않는 절충적인 것으로서 과히 에라스무스적이다.[2] 에라스무스는 장문 구조와 세밀한 표현으로 대변되는 키케로식 문체와 간결하고 풍자적인 세네카식 어법을 적절히 혼합한다. 그렇지만 에라스무스는 키케로식으로 글을 쓸 때도 현란한 복문 구조의 사용을 삼간다. 『아동교육론』의 다양하고 생명감 넘치는 수사학 문체를 현대 영어로 옮기는 일은 어렵다. 현대 영어의 표준에 맞게 번역하다보면 자칫이 중요한 교육 논고의 내용이 흐트러지거나 어색해질 수 있다. 그러므로 나는 논의 전개의 일관성과 문체의 통일성을 유지하면서 에라스무스의 주장이 명확히 드러나도록 번역했다.

오늘날 『아동교육론』은 당연히 에라스무스의 교육, 특히 아동교육에 대한 이상과 원칙을 진술한 글이어서 주목을 받는다. 1529년 에라스무스가 그의 논고의 출간을 결심한 데는 『문체론』에서 설명한 수사학의 원칙을 문학적으로 시연하는 일이 쓸모가

2 톰슨의 「에라스무스의 라틴어」에서 에라스무스의 라틴어 사용에 대한 뛰어난 논의를 찾아볼 수 있다. 도레이, 『에라스무스』(런던, 1969), 115-137. 『아동교육론』의 문체에 대해서는 마골린(599-619)을 살펴보고, 『문체론』과의 수사학적인 관련성은 룸멜의 「에라스무스 아동교육론의 구조와 논의 전개」 『르네상스와 종교개혁 5』(1981) 127-140을 참조하라.

있어서가 아니라 그의 교육에 대한 생각을 알기 쉽게 제시한 글이었기 때문이다(비록 에라스무스는 성 아우구스티누스의 성서 시편에 대한 주석을 언급하면서 여전히 수사학 담론의 교육적 유용성을 인정하고 있지만 말이다). 1520년대 후반기에 에라스무스는 기독교 가정생활의 도덕적 토대에 관심을 가졌고, 그 일환으로 17년 전에 저술한 미출간 논고의 도덕적이고 지적인 중요성을 자각했다. 『아동교육론』에서의 주장은 상당 부분 『기독교도의 결혼에 대하여』(1526)를 비롯한 이 시절의 다른 몇몇 담화들과 맥을 같이 한다. 『아동교육론』은 아이들의 바른 교육을 위한 논고였을 뿐만 아니라 부모들에게 자녀 행복의 책임을 지우는 훈계용 책이었다.

요컨대 『아동교육론』은 고대 자유교육의 이상(엄밀히 말하면 고대 그리스와 로마의 교육 저작들이 아이들의 양육과 교육에 대해 권고한 내용들)을 기독교 인문주의에 입각해 재구성한 것이다. 에라스무스는 『아동교육론』을 저술하면서 플루타르코스의 『아이들의 교육에 대하여』와 퀸틸리아누스의 『웅변가교육론 1권』을 주로 참고했다. 그러나 에라스무스의 논고에는 자기만의 색깔이 있다. 주요 논점들을 그만의 날카로운 사회적이고 심리적인 통찰을 통해 명확히 드러내 보인다. 예를 들면 체벌을 강하게 배격하고 기계적인 암기 학습을 단호히 깎아내리는가 하면, 아이들 교육에서 놀이의 중요성을 생동감 넘치게 그려낸다. 특히 눈에 띄는 것은 체벌이 무서워서 아이들이 복종하고 유순하다는 에라스무스 나름의 비판이다. 에라스무스가 체벌의 문제를 상세하게 다루는 것은 퀸틸리아누스가 단지 몇 문단[3]에서만 언급하는 것과 좋은 대조를 이룬다. 이러한 개인적인 특색은 에라스무스의 탁월한 사회적 관찰과 심리적인 이해에 연유하는 것으로서 『아동교육론』에 동시대는 물론 고대의 교육 저작들도 능가하는 생명력과 상상력을 부여한다.

에라스무스는 1529년 봄에 『아동교육론』의 출판을 준비했다. 아마도 그해 4월쯤으로 그가 바젤에서 프라이부르크로 거주지를 옮길 때였다. 이 무렵의 편지들은 『아동교육론』을 거론하지 않는다. 『아동교육론』은 1529년 9월 바젤의 프로벤 출판사에서 출간되었다. 뒤이어 13개의 판이 나왔는데 그중 9개가 프랑스판이었다. 번역의 경우에는 1537년에 프랑스어를 필두로, 1545년에 이탈리아어, 그리고 1551년에 영어로 각각 옮겨졌다.[4]

---

3 퀸틸리아누스, 1.3.14-18.

4 자세한 것은 마골린이 편집한 『아동교육론』(1966) 서문을 참조하라.

이 번역은 마골린이 편집한 1529년 초판[5]을 저본으로 삼았다.

5 마골린이 서문과 주를 달았다. 상세한 논평은 마골린의 비평 판(1966)을 참조하라. 라틴어 본문이 뛰어난 프랑스어 번역을 동반한다. 『아동교육론』 저술을 둘러싼 역사적 배경, 후속판과 번역서들, 후대 교육이론에 끼친 영향, 에라스무스가 활용한 고대 문헌들, 르네상스기의 선구적인 교육개혁론, 동시대의 생활상, 그리고 언어와 문체에 이르기까지 방대한 자료와 해설이 서문과 주석 그리고 부록에 산재해 있다. 우드워드의 『에라스무스』는 세월의 무게가 느껴지나 여전히 읽어볼 가치가 있다. 특히 이 책 7장에는 『아동교육론』의 축역본이 실려 있다. 우드워드의 목적은 에라스무스의 논의를 재진술하는 것이어서 라틴어 원문의 지엽적이고 세세한 설명은 지우고 번역했다. 호퍼는 『퀸틸리아누스 교육학에 대한 데시데리우스 에라스무스와 후안 루이 비베스의 입장』(에를랑겐, 1910)에서 퀸틸리아누스가 에라스무스에 미친 영향(13–91)을 자세히 추적한다. 에라스무스가 퀸틸리아누스의 권위에 의존했다는 호퍼의 결론(91)은 옳지만, 에라스무스 사고의 독자성은 제대로 평가하지 못한 구석이 있다. 또 하나의 독일어 문헌 『개인적인 인문주의』(파더보른, 1964)에서 파트베르크는 에라스무스의 교육 이상이 그의 기독교 인문주의에 토대를 두는 것임을 강조한다.

에라스무스의 생애

데시데리우스 에라스무스는 1466년 10월 27일 로테르담에서 태어났다. 아버지 헤라트는 사제 성품을 받은 신부였고, 어머니 마하레트는 의사의 딸이었다. 교회는 이들의 결합을 불법으로 간주했다. 에라스무스는 사생아의 운명을 지고 태어날 수밖에 없었다.

어머니와 하우다에 살면서 에라스무스는 네 살 때 후견인 페터르 윙켈이 운영하는 학교에 입학했고, 얼마 지나지 않아 우트레히트 가톨릭성가학교로 옮겼다. 아홉 살부터는 데벤터의 유명한 교회학교를 다녔다. 인문주의자 알렉산더 헤기우스가 운영하던 학교로서 재학생이 600명이 넘을 정도로 네덜란드와 인근 독일 지역에서 명성이 높았다. 그러나 에라스무스는 훗날 『아동교육론』에서 이때의 암울한 기억을 떠올리며 이 학교의 수업 방식과 교육과정, 특히 혹독한 훈육 방법을 신랄하게 비판했다.

1480년 가을에 에라스무스는 몇 달 사이로 부모를 모두 잃고, 스헤르토헨보스의 형제단 학교로 보내졌다. 새로운 학교의 수도원식 공동체 생활과 교육은 에라스무스처럼 자유롭고 개인적인 영혼에는 맞지 않는 것이었다. 더군다나 교사들은 고아인 에라스무스에게 수도승의 삶을 강제했다.

에라스무스는 1482년 말까지 형제단 학교에 머물렀다. 후견인들은 수도원 입회를 종용했고, 에라스무스는 열여섯 살에 수도원 생활이 공부의 자유와 기회를 보장할 수 있다는 생각에서 제안을 수락했다. 1483년 에라스무스는 스테인의 아우구스티누스 수도원에 들어가 10년간의 수도원 생활을 거쳐 1492년 가톨릭 사제가 되었다.

수도원 생활은 학자의 삶과는 다른 것이었다. 그러나 수도원의 조용하고 고립된 환경에서 에라스무스는 '세속적'인 독서를 이어갔고, 수도원이 보관하고 있던 고대의 필사본들은 그의 지식욕을 북돋았다. 에라스무스는 스테인 시절에 눈에 띄는 라틴어 습작을 몇 편 남겼을 뿐만 아니라 10년간의 한유 생활을 통해 장차 학자의 길을 걸을 수 있는 준비를 하였다.

1493년 에라스무스는 캉브레 주교의 비서가 되어 수도원을 벗어날 기회를 얻었다. 주교는 학구열이 남달랐던 에라스무스를 파리대학으로 보냈다. 에라스무스는 몽테규 칼리지에 기거하며 신학을 공부했다. 수도원으로부터의 외유는 종교 공부라는 신실한 끈으로 묶여 있어서 에라스무스는 반드시 하루의 일부를 설교와 스콜라철학에 할애해야만 했다. 물론 에라스무스의 주된 관심은 고전학에 있었다. 특히 그는 그리스어를 독학으로 배웠다. 당시 이탈리아를 제외하면 그리스어에 정통한 사람을 찾기가 쉽지 않았기 때문이다.

파리 유학시절에 에라스무스는 라틴어 교사로 활동하면서 생계비를 벌었다. 그는 출중한 라틴어 실력 덕분에 영국인 명문자제들과 교우할 수 있었다. 가난한 학자인 에라스무스는 후원자를 찾았고, 마운트조이 경은 그의 이러한 바람에 부합하는 영국의 젊은 귀족이었다. 1499년 에라스무스는 마운트조이 경을 따라 영국 초행길에 올랐다. 그의 영국 방문은 성공적이었다. 1499년 겨울에 옥스퍼드와 런던에서 존 콜레트와 토머스 모어를 만났고, 영국 인문주의자들과의 만남과 우정은 에라스무스의 고전학에 대한 관심과 열정에 불을 지폈다.

1500년 2월 파리로 돌아온 에라스무스는 그리스어 공부에 박차를 가했다. 마운트조이 경에게 헌정할 요량으로 고대의 저작들로부터 경구들을 모아 『격언집』을 간행하고, 부족한 수입을 보충할 심산으로 키케로의 『의무론』을 편집했다. 이미 그의 라틴어 실력은 상당한 수준이었다.

1502년 파리에 전염병이 창궐하자 에라스무스는 루뱅으로 이주했다. 그러나 1505년 다시 '책'과 '교사'의 도시인 파리로 귀환했다. 영국인 친구들, 특히 성 폴 스쿨의 콜레트와 서신 교환을 재개했고, 마운트조이 경의 초청으로 두 번째 영국 방문에 나섰다. 에라스무스에게 런던은 로마를 제외하면 가장 매력적인 도시였다. 그곳에는 콜레트를 위시한 일군의 인문주의자들이 있었다. 그는 모어의 런던 집에서 이듬해 봄까지 머물렀다.

이 무렵 에라스무스의 학자로서의 입지는 탄탄했다. 루뱅과 파리는 물론 런던까지 이름이 알려졌고, 이탈리아를 빼고는 유럽에서 가장 세련된 라틴어 문체를 구사하는 인물로 유명세를 탔다. 사람들은 이 저명한 고전 학자를 만나고 싶어 했다. 그의 교사로서의 명성도 유럽 전역에 널리 퍼졌다. 그러나 에라스무스는 배움에 대한 열정으로 알프스를 넘었고, 그곳에서 이탈리아 학자들과 교류하고 그리스어 교사들의 가르침을 받았다.

1506년 7월부터 에라스무스는 영국인 교사 일행과 이탈리아 여행을 시작했다. 알프스를 넘어 투란에 도착했고, 볼로냐를 거쳐 11월에 피렌체에 당도했다. 12월에는 다시 볼로냐로 돌아와 이탈리아 여행의 목적인 그리스어 공부에 전념했다. 이 오래된 학문의 도시에서 저명한 인사들과 교류하면서 학자로서의 여유를 만끽했다. 이후 1509년까지 베니스, 파도바, 로마 등을 여행하면서 이탈리아의 인문주의자들과 사귀고 공부도 계속했다.

1509년 봄에 에라스무스는 헨리 8세의 대관식에 참석하기 위해 이탈리아를 떠났다. 신학문을 대표하는 학자로 뽑혀 로마로부터 영국으로 소환되었다. 잠시 케임브리지 퀸스 칼리지에서 학생들에게 그리스어를 가르치기도 했다. 공식적인 임무 말고도 향후 5년간 영국에 머물면서 왕성한 학문적 활동을 했다. 1509년 모어의 런던 집에서 『우신예찬』을 완성했고, 성 폴 스쿨의 콜레트와 릴리의 영향으로 『교육방법론』을 저술했다. 그밖에 성 히에로니무스의 편지들과 그리스어 성서 독본을 편집하는 등 기독교 편찬 작업에도 공을 들였다. 실제로 이 두 개의 기독교 저작을 출간하기 위해 1514년 영국을 떠나 바젤로 향했다.

1514년부터 1517년까지 에라스무스는 고정된 거주지가 없었다. 위에서 말한 기독교 편찬서들 때문에 주로 바젤에 머물렀고, 간간히 루뱅과 영국 그리고 브뤼셀을 방문했다. 이 기간 동안 그는 다른 저작들도 출간했다. 교육적인 관점에서 1516년에 출간한 『기독교군주교육론』이 눈에 띈다. 나중에 신성 로마 제국의 황제가 되는 카를 1세에게 헌정한 작품으로 특정 교육이론을 소개하기보다는 군주의 덕과 의무를 일반적인 어조로 설명했다.

1517년 에라스무스는 루뱅에 새로운 인문주의 학교를 세우는 일에 깊이 관여하고, 결국 1519년 그곳에 정착했다. 이 조그만 대학 도시에서 에라스무스는 평화로운 학문적 삶을 구가했다. 그러나 종교개혁이라는 광풍은 루뱅을 비켜가지 않았다. 그는 다시 조용한 학문의 땅을 찾아 떠나야 했다. 새로운 보금자리는 바젤이었다. 1522년 봄에 에라스무스는 바젤에서 옛 친구들을 만나 말년의 행복한 시간을 보낼 수 있었다. 그는 학자로서의 남은 열정을 불살랐다.

바젤시대(1522-1529)에도 루터의 그림자는 짙게 드리웠다. 그러나 에라스무스는 가급적 종교적 논쟁을 삼갔고, 학문적 저술 활동에 전념하면서 종교혁명의 회오리로부터 벗어나고자 했다. 이러한 분위기 속에서 에라스무스는 1529년 그의 대표적인 교육 논고인 『아동교육론』을 출판했다.

1527년 바젤에서 평생의 후원자 프로벤이 죽었다. 이 예기치 않은 사건은 에라스무스의 '세계인'으로서의 정체성을 다시 한 번 일깨웠다. 1529년 그는 프라이부르크로 이주했다. 강력한 가톨릭 군주 도시를 안전한 피신처로 삼아 노년을 평화롭고 조용하게 보내고 싶은 바람에서였다.

이듬해인 1530년 아우구스부르크 화의가 결정됐다. 에라스무스는 더 멀리, 아마도 이탈리아나 부르고뉴로 도망치고 싶었다. 그러나 마지막 선택지는 바젤이었다. 프로벤 서클은 노학자를 환영했다. 1534년 지친 심신을 이끌고 바젤로 돌아온 에라스무스는 몇 년을 편안하게 보낸 뒤 '생의 마지막 순간에도 손에서 펜을 놓지 않은 채' 1536년 7월 12일 노고에 찬 삶을 마감했다.

아동교육론

헌사

로테르담의 에라스무스가 클레베, 율리히, 베르크의 공작이자 라마르크, 라벤스부르크 등의 백작인 가장 저명한 빌헬름 대공[1]에게 드리는 인사.

당신의 어린 시절 가정교사인 콘라트 헤레스바흐[2]가 그의 편

1 빌헬름(1516–1592). 클레베의 공작 요한의 외아들이자 헨리 8세와의 짧고 비극적인 결혼으로 유명한 앤의 남동생이었다. 1539년 아버지가 죽자 클레베의 공작 직위를 물려받았다. 빌헬름은 『아동교육론』의 소설적 상황(아들을 얻는 축복을 받았다는 식의 구성)과는 아무런 관련도 없다.

2 독일의 인문주의자, 학자, 교육자(1496–1576). 멜란히톤의 친구로서 『통치자자녀교육론』을 저술했다. 에라스무스의 교육사상을 따르고 발전시

지들[3] 속에서 당신의 품성을 학문과 덕에 타고난 것으로 여러 번 말했기 때문에 내가 당신과 몇 달을 함께 지내본들 다르게 생각할 것 같지 않다. 헤레스바흐로 치자면 편지들 행간에 묻어나는 당신에 대한 사랑이 각별하여 내게 글을 한 편 부탁했는데, 그 이유가 "달리는 말에 채찍을 가하는"[4] 격으로 당신이 달리고 있는 수고스럽고 영예로운 길에 박차를 가하고, 다른 명문가 자제들이 당신의 뛰어난 예를 본받도록 하기 위함이었다. 나는 이 일을 쾌히 승낙했고, 이러한 제안을 받음을 특권이라 생각했다. 내가 수년간 글을 헌정하지 못한 데는 당신의 위대함에 상응하는 주제를 찾지 못했기 때문이다. 헤레스바흐의 집요한 요청에는 그가 보통의 글에는 만족하지 못한다는 엄포의 의미가 담겨 있었다. 내 바람에 합당한 주제가 떠오르지 않자 나는 마침내 그와의 약속을 후회하기 시작했다. 나는 빚을 크게 지고 자질구레한 일들을 벌려 채권자들을 달래는 신용 없고 약삭빠른 채무자들과 내 자신이 별반 차이가 없다고 생각했다. 왜냐하면 이러한 채무자들은 돈을 갚으려는 의지가 없는 것이 아니라 돈을 벌 적당한 방법을

켰다. 1520년부터 에라스무스와 우정을 나누고 사상을 공유했다. 1522년 클레베 공작의 제안으로 그의 여섯 살 아들의 가정교사가 되었다.

3 지금은 존재하지 않는다.

4 에라스무스, 『격언집』, I ii 47.

아직 찾지 못한 것뿐이라고 둘러대면서 채무 기간을 연장하기 때문이다.

내가 이탈리아에 머물면서[5] 『문체론』의 초고를 작성할 때, 나는 실례에 의거해 하나의 주제를 골랐다. 나는 먼저 간단한 요약문을 제시하고, 뒤이어 정교하고 세밀한 논의를 전개했다. 나는 로마에 거주하는 사람에게 원고의 필사를 맡겼는데, 그 사람이 원본의 절반가량만을 되돌려주어서 어디에도 쓸데가 없었다. 나중에 미완의 작품을 끝내라는 학식 있는 친구들의 끈덕진 요구가 있어 나는 여전히 마음은 내키지 않았지만 남은 원고를 전체적으로 훑으면서 부문별 주제와 문단을 점검하고 빠진 부분은 새로 작성하여 글을 완성했다. 다음의 글을 조그만 선물 정도로 받아주기 바란다. 첨부한 두 편의 미간행 소고들[6]도 별반 다르지 않다. 나는 이러한 볼품없는 헌정물들을 의무를 다한다는 바람에서가 아니라 그렇게 하려는 의지의 증표로서 내놓는다. 우리 사회에서 채권자들은 채무자들이 스스로 부채를 인정하고 빚을 갚을

5 1509년 초순에 윌리엄 탈레는 리처드 페이스가 건네준 에라스무스의 원고를 당시 이탈리아에 체류하던 리처드 셜리에게 주었다. 『문체론』은 우여곡절 끝에 1512년에 출판되었다. 성 폴 스쿨에서 사용하기 위해 존 콜레트에게 헌정했다.

6 성 암브로시우스의 『다비드 변론』과 『다비드 질의』를 말한다.

의지를 보인다면 그다지 압력을 가하지 않는다. 단지 그렇게 행동하지 않는 채무자들만이 빚을 고의로 탕감하려는 자들로 치부된다. 그러나 헤레스바흐는 나를 법정으로 끌고 갈 명분이 충분하다. 우리의 약속 때문에 나를 상대로 소송을 제기할 수 있다. 하지만 나는 당신을 직접 상대하고 싶다. 나는 당신이 이해 당사자인 경우에도 타인의 이익을 관철시키는 헤레스바흐보다 내게 공정할 것이라고 확신한다. 헤레스바흐는 당신을 너무나도 아끼고 당신의 복락과 신분과 지위에 너무나도 골몰한 나머지 자신의 타고난 신중함조차 내던질 기세다. 그러므로 당신의 영예로운 노고를 감내하라. 그리하여 당신 교사의 가르침으로 고귀한 지위에 불을 밝히고 그의 학식을 당신의 행운과 지위의 찬란함으로 빛내라.

나는 이 소책자가 새롭게 지은 것이 아니었다면 당신에게 헌정하지 않았을 것이다. 비록 얼마 안 되는 분량이지만 많은 가르침을 담고 있고, 문체도 상류층 사람들에게 어울리는 것이다. 내 글은 하나의 예에 불과하다. 성 아우구스티누스[7]가 훌륭한 전례를 많이 남겼다. 그는 종종 시편의 요약문을 제시하고 나서 그것을 풍부한 내용과 표현을 곁들여 자세히 설명했다. 마지막으로

---

7 1529년 3월 에라스무스는 성 아우구스티누스 제8권을 끝냈다. 이 새로운 판에는 성 아우구스티누스의 성서 시편에 대한 주석이 담겨 있다.

나는 이 책이 통치자 자녀들에게 적합한 교육 방법을 다루고 있어서 당신에게 권한다. 다른 누구보다도 그들은 좋은 교육을 받아야 하고, 이를 위해 자유교육은 필수불가결하기 때문이다. 그럼 안녕히.

1529년 7월 1일

프라이부르크

도입

철학자 크리시포스[1]의 충고에 따르자면, 당신의 어린 아들은 마음이 아직 타락하지 않고 주의가 산만하지 않을 때, 한창 인격을 형성하고 감수성이 예민할 때, 정신이 주변 영향에 개방적이고 이해한 것을 쉽게 기억할 때 바로 자유교육을 받아야 한다. 나이가 들어서는 어려서 배웠던 것은 물론, 다른 것도 전혀 기억할 수 없기 때문이다.

1 스토아 철학자(c.280–207BC). 교육의 이론과 실제에 대해 글을 썼다. 퀸틸리아누스와 플루타르코스의 교육사상에 중요한 영향을 끼쳤다. 에라스무스는 퀸틸리아누스와 플루타르코스의 작품들을 통해 크리시포스의 사상을 접했다.

아이들이 유년기에 수업을 소화할 능력도 없고 공부의 노고를 견딜만한 힘도 없다는 주장은 근거가 없다. 우선 기초 지식은 무엇보다도 기억력에 의존한다. 그런데 기억하는 능력은 어린 아이들일수록 좋다. 두 번째로 지식 습득은 자연의 계획인지라 너무 이른 시간대란 있을 수 없다. 이와 관련해 자연은 우리 마음속에 이성의 씨앗을 심어주었다. 더군다나 어른의 학습 창고에 꼭 필요한 알파벳, 언어능력, 시와 산문 형식의 도덕적 이야기들은 머리가 굳은 나중보다 유년기에 훨씬 빠르고 쉽게 배울 수 있다. 마지막으로 아이들이 어려서부터 바른 품행은 익히면서 왜 글자 공부는 할 수 없는가? 아이들이 말을 할 수 있게 되었을 때 이보다 좋은 소일거리가 있단 말인가? 어쨌든 아이들은 무엇인가를 하면서 시간을 보내야 한다. 장난질이나 일삼는 것보다 놀이와 공부를 번갈아 하며 하루는 보내는 것이 훨씬 좋다.

당신은 유년기의 보잘것없는 학습 성과를 들이대면서 반론을 제기할 것이다. 그러나 왜 당신은 그러한 조그마한 성취가 최고로 중요한 목적에 봉사함에도 사소한 것이라 생각하는가? 왜 당신은 이러한 이득을 대수롭지 않은 것으로 폄하하는가? 당신은 작은 것이 쌓여 큰 것[2]이 된다는 사실을 모른단 말인가? 더욱이 어려

2 헤시오도스, 『노동과 나날』, 361-362. 플루타르코스, 『도덕집』, 9E-F.

서 기초 지식을 습득한 아이는 나중에 청소년기의 시간을 고등 지식 탐구에 할애할 수 있다. 그렇지 않았다면 여전히 초보적인 것들을 배워야 하겠지만 말이다. 마지막으로 아이는 공부에 전념함으로써 젊음이 야기하는 각종 위험으로부터 벗어날 수 있다. 공부는 전신의 집중을 요하는 일이기 때문이다. 공부는 그 자체로 축복이지, 경시의 대상이 아니다.

공부의 노고가 아이의 몸에 어느 정도 해를 줄지도 모른다. 그러나 나는 공부로 인한 지적인 이득이 신체상의 불이익을 상쇄하고도 남을 것이라고 확신한다. 정신 활동에 과도한 노력이 필요한 것은 아니며, 상식적인 예방조치로 건강상의 위험을 예방할 수 있다. 당신이 고용한 가정교사는 친절하고 매력적인 방식으로 아이의 마음을 북돋아야지 거친 품행으로 아이의 미움을 사서는 안 된다. 게다가 어떤 지식은 아이들이 좋아하고 아이들의 마음에 적합한 것이어서 공부가 일이라기보다는 놀이에 가깝다. 사실 아이들은 생각만큼 약하지 않다. 아이들은 스스로 힘든 줄 모르고, 이러한 이유에서 공부의 수고를 감당할 수 있다.

결국 인간은 교육을 받지 않고는 인간이 될 수 없다. 인간의 삶은 찰나에 불과하다. 어려서는 유혹에 빠지기 쉽고, 어른이 되

에라스무스, 『격언집』, I viii 94.

어서는 의무에 짓눌려 살며, 늙어서는 살아있어도 황량하고 외롭다. 그러므로 당신의 분신으로서 대를 잇는 존재인 당신 아들은 삶에 유익한 것들을 배우는 시간대에 공부는 하지 않고 세월만 허비해서는 안 될 것이다.

전개

오랫동안 당신 부인이 아이를 낳지 못하는 거 아니냐는 걱정이 있었다. 그러나 당신은 아버지가 되었고, 아들을 얻는 축복까지 얻었다. 당신 아들은 부모의 탁월함을 물려받아 벌써부터 남다른 성품을 보인다. 이러한 전도유망한 아이는 바로 자유교육을 시작하고, 가장 유익한 교과들을 공부하며, 어느 정도 자라면 철학의 이로운 가르침을 통해 마음을 도야해야 한다. 당신은 아버지답게 아들을 대하고, 아이가 얼굴과 외모뿐만 아니라 재능과 품성에서도 당신을 꼭 빼닮기를 바란다. 나는 친애하는 당신의 행복에 기쁨을 감출 수 없고, 당신의 지혜로운 결심에 지지를 보낸다.

나는 당신에게 조언을 하고자 한다. 그러함에 내 말은 좀 주제넘게 들릴 수도 있으나, 어디까지나 당신에 대한 깊은 애정에서 비롯된 것이다. 세상 사람들의 말에 귀를 기울이지 마라. 그들은 유년기를 공부의 이득 없이 허비하면서 학습의 첫 단계들을 아이의 마음이 이미 굳기 시작하고 유혹에 빠지기 쉬운 나이(주변이 온통 가시덤불로 덮여 있을 때)까지 미루라고 속삭일 것이다. 내 충고는 당신 아들이 가능한 한 빨리 인격과 학식을 겸비한 사람의 가르침을 받아 마음의 자양분을 섭취하고, 유모의 젖[1]과 함께 교육의 신선주를 마시라는 것이다. 아이에 대한 책임은 유모와 가정교사에 똑같이 있다. 유모가 아이의 몸을 기른다면, 가정교사는 마음과 인격을 계발한다.

당신은 어리석은 여자들이나 남자들(턱수염을 기르는 것 말고는 다른 구석이 없는)의 말을 경청해서는 안 된다. 그들은 그릇된 친절과 연민에 사로잡혀 아이들을 청소년기 초반까지 혼자 내버려 두라고 주장한다. 그러다보니 아이들은 어머니와 유모의 손을 타서 자연히 응석받이로 자라고, 하인들도 점잖지 못한 장난질을 서슴지 않는다. 이러한 사람들에게 교육은 아이들이 마시면 안 되는 독극물과도 같은 것이다. 어린 나이에 수업은 가능하지도 않을뿐더러 아이들은 학습의 노고를 견딜만한 힘도 없다는 것이 그들의

1 에라스무스, 『격언집』, I vii 54.

주장이다. 마지막 주장은 유년기에 학습으로부터 얻는 이득이 부모가 지출하는 비용이나 연약한 아이들이 겪을 성가심에 비해 너무나도 보잘 것 없다는 것이다.

나는 이러한 주장들을 하나씩 반박할 것이다. 그러니 내게 잠시 주의를 기울여 주기 바란다. 내가 당신의 가까운 친구로서 이러한 말들을 적어가고 있고, 나의 주제가 당신의 다른 모든 이해관계보다 중요하다는 점을 기억하라. 당신에게 아들보다 소중한 것이 있는가? 당신의 모든 재산뿐만 아니라 생명을 주어도 아깝지 않은 하나뿐인 아들 말이다. 영지와 건물과 말을 돌보는 데는 인심이 넉넉하고 최고 전문가의 조언을 듣고자 안달인 사람이 자녀들의 양육과 교육에는 그리도 냉담하다니 참으로 아이러니한 일이 아닐 수 없다. 당신은 정녕 누구를 위해 많은 재산을 모았단 말인가? 사람들은 이 문제에 대해서는 전문가의 말을 듣기는커녕 스스로 판단조차 하지 않는다. 그러다보니 그들은 매우 사소한 일을 처리하고 있는 것처럼 단지 한쪽 귀만을 어느 무지한 여자 또는 범부의 말에 열어둘 뿐이다. 이것은 발은 돌보지 않으면서 신발에만 공을 들이는 사람이나 건강에는 신경을 쓰지 않으면서 옷만 사려는 사람의 어리석음이다.

나는 진부한 일상을 거론하며 당신의 시간을 낭비하고 싶지 않다. 우리는 자연적인 본능, 부모로서의 사랑, 신의 율법, 그리고 부모로서의 관례에 따라 아이들에 대한 의무가 무엇인지를 잘 안다. 부모들은 아이들을 통해 인간의 유한성을 넘어 불멸의 존재로 거듭난다. 우리 주변에는 출산의 의무와 부모의 역할을 혼동하는 사람들이 가끔씩 있다. 그러나 이것은 아버지라는 이름의 전제로서 부모 사랑의 극히 일부에 지나지 않는다. 참된 아버지가 되기 위해서는 당신 아들의 존재를 모두 감싸 안아야 한다. 당신은 아들을 동물과는 다른 존재로 만들기 위해서 신이 부여한 인간성을 극대화해야 한다.

출산을 앞둔 어머니라면 아이가 기형(눈이 돌아가고, 목이 비틀어지고, 턱이 떨리고, 어깨뼈가 튀어나오고, 다리와 발이 뒤틀리고, 몸의 균형이 흐트러지는 등)으로 태어날 수 있음을 예의주시한다. 어머니들은 아이들의 몸을 포대기로 싸고, 머리에 붕대를 감는다. 그리고 아이들이 먹고 마시는 것에, 목욕하고 운동하는 것에 항상 주의를 기울인다. 갈레노스[2]와 같은 의사들은 많은 저작들에서 이러한 방법으로 몸을 좋게 만들 수 있다고 주장하고, 이러한 관심을 생후 6-7년까지 미루지 않고 아이가 자궁에서 떨어져 나오자마자 행동으로 옮긴 어머니들에 대해 말하고 있다. 이러한 어머니의 처신은 올바른 것이다. 방치된 아동기는 병들고 고통스러운 노년기를

2 고대 말기의 가장 위대한 의학 저술가(c.130-199). 인문주의자들은 그의 작품을 윤리적이고 철학적인 관점에서 높이 평가했다. 에라스무스는 갈레노스의 글 세 편을 번역했다.

의미한다. 그나마 그때까지 살아 있다면 말이다. 아이가 태어나기 전부터 어머니는 몸가짐을 조심하고 음식을 가려 먹으면서 규칙적인 돌봄을 시작한다. 그녀는 좋지 않은 것을 보았을 때 얼른 얼굴을 돌려 잔상은 지우고 주의를 환기한다.[3] 우리는 이것이 아이에게 나쁜 것을 보여주지 않는 효과적인 방법임을 경험적으로 터득했다.

이러한 돌봄이 인간의 낮은 본성에 관한 것이지만 너무 이르다고 생각하는 사람은 없다. 그렇다면 왜 우리는 유년기에 인간성을 특징짓는 우리 본성의 다른 한 부분[이성]에 대해서는 주의를 기울이지 않는가? 어떤 사람이 더럽고 헝클어진 머리에 신사모를 쓰려 한다면 세상의 놀림을 받을 것이다. 그런데 몸에는 갖은 수고를 다하면서 영혼에는 그토록 무심하다니 참으로 어리석다. 혈통 좋은 강아지나 망아지는 태어나자마자 훈련에 돌입해야 한다. 이때가 주인의 말을 잘 듣고 주인의 바람대로 행동하는 시기이다. 앵무새도 어릴 때 사람의 말을 따라하도록 훈련시켜야 한다. 어느 정도 자라면 다루기가 힘들다. 옛말에 "다 큰 앵무새는

3 여기서 에라스무스는 일상적인 미신을 따르는 것으로 보인다. 임산부의 얼굴에 드리운 바깥 사물의 인상이나 신체상의 불쾌감 또는 감정상의 동요는 아직 태어나지 않은 아이에게 전달될 것이다.

회초리로도 길들이지 못한다"고 했다.[4] 이렇게 한 마리 새가 우리의 관심을 끄는데, 당신 아들만은 홀로 내버려져 있다.

솜씨 좋은 농부들은 나무가 아직 여려서 억센 본성을 드러내지 않을 때 묘목 작업을 한다. 그들은 어린 나무들이 휘어지거나 상해를 입지 않도록 주의한다. 사실은 일이 잘못될 수도 있는데, 이 경우에도 그들은 나무들이 여전히 잘 고부라지고 손이 가는 대로 움직일 때 재빨리 손상된 부분을 바로잡는다.[5] 이렇게 우리의 노력으로 자연의 본성을 도왔을 때 동식물도 우리의 의지와 편리에 부합한다. 물론 이러한 노력은 일찍 시작할수록 성공할 확률도 높다.

삼라만상의 어머니인 자연은 야생동물들에게 종족의 책무를 수행할 수 있는 여러 가지 수단을 주었다. 그러나 이성의 능력은 오직 인간에게만 주어 교육을 통해 인간으로 성장하도록 했다. 그러므로 인간의 행복은 처음부터 끝까지 훌륭한 양육과 교육에 달려 있다고 말해도 무방하다. 이것은 원래 데모스테네스가 올바른 발음에 관해 이야기하면서 꺼낸 말이었다.[6] 아무튼 그의 말은

4 경구적인 표현이다. 그러나 에라스무스의 『격언집』에는 나오지 않는다. 『격언집』 I ii 61에서 인용.

5 베르길리우스, 『농경가』, 2. 362-368.

6 퀸틸리아누스, 2.3.6.

옳았다. 그러나 올바른 발음이 웅변술에 도움을 주는 것과는 비교도 할 수 없을 만큼, 좋은 교육은 인간의 지혜에 이바지하는 바가 크다. 적절하고 신중한 가르침은 모든 도덕적 선함의 원천이다. 이와 대조적으로 교육이 타락하고 조심성이 없을 때 우리의 마음은 덜렁거리는 문처럼 어리석음과 사악함에 속수무책이다. 교육은 우리에게만 부과한 특별한 과제이다. 자연은 동물들에게는 재빠른 발과 날개, 정밀한 시력, 강하고 묵직한 몸, 털과 가죽의 덮개, 그밖에도 비늘·등딱지·발톱·독 등의 보호 장치를 주어 스스로를 지키고, 먹이를 사냥하고, 새끼들을 기르도록 했다. 자연은 오직 인간만을 허약하고 맨몸뚱이의 무방비 상태로 창조했다. 그러나 자연은 그 보상으로 인간에게 지식으로 무장할 수 있는 마음을 주었다. 왜냐하면 이 하나의 능력은 잘만 사용한다면 다른 모든 능력들을 능가할 것이기 때문이다. 동물들은 인간보다 학습 능력은 떨어지나 본능은 앞서 발달되어 있다. 예를 들면 벌은 어떻게 집을 짓고, 꽃에서 액을 뽑고, 꿀을 만드는지를 배울 필요가 없다. 개미도 여름 동안 땅속에 겨울의 양식을 저장하는 것을 훈련을 통하기보다는 본능적으로 안다. 그러나 인간은 가르침을 받지 않고는 먹지도, 걷지도, 말하지도 못한다. 당신도 알다시피, 나무들은 용의주도하게 접붙여 키우지 않으면 열매를 맺지 못하고, 동물들은 길들이지 않으면 인간에게 아무런 쓸모도 없다. 처음부터 사냥터를 누비는 개는 없고, 안장을 꿰차고 달리는 말도, 또 쟁기질을 부지런히 하는 소도 없다. 모두 수고 찬 양육의 결과이다. 그렇다면 인간의 경우는 어떠한가? 인간은 태어나자마자 집중적으로 가르침을 받지 못하면 아무 짝에도 쓸모없는 짐승 같은 존재가 되고 말 것이다. 내가 리쿠르고스[7]의 순종과 잡종의 두 마리 강아지 일화를 다시 언급할 필요가 있는가? 순종이지만 훈련을 잘 받지 못한 녀석은 눈앞 먹이에만 온통 관심이 있을 뿐 사냥감은 흘려보냈으나, 잡종임에도 불구하고 훈련을 잘 받은 녀석은 눈앞 먹이는 쳐다보지도 않고 사냥감을 쫓는 데만 열심이었다. 이 이야기는 본성의 힘은 강하나, 교육의 힘은 더욱 강하다는 사실을 말해준다.

사람들은 사냥을 잘하는 개나 장시간 여행을 할 수 있는 말을 구하기 위해서는 무엇이든지 한다. 이런 것들에 대한 그들의 배려는 실로 완벽에 가깝다. 그러나 사람들은 부모에게 자부심과 안락을 선사하고, 가족 영지의 경영을 믿고 맡길 수 있는, 그리고 노년이라는 버거운 짐을 사랑으로 위로하고 나누어지는 아들의 양육에 대해서는 일말의 생각도 없거나 이 일이 너무 늦을 때까지 연기해 버린다. 장차 가족의 충실한 보호자가 되고, 아내에게는 좋은 남편이 되며, 조국에는 견실하고 유용한 시민이 되는 아

7 플루타르코스, 『도덕집』, 3A-B.

들의 교육에 대해서 말이다.

누구를 위하여 사람들은 쟁기질을 하고 씨앗을 뿌리고 집을 짓는가? 누구를 위하여 그들은 육지와 바다를 샅샅이 뒤지며 재산을 모으는가? 이 모든 일을 아이들을 위해서 하는 것이 아니란 말인가? 그런데 수혜자인 아이들에게 혜택이 돌아가지 않는다면, 이러한 것들이 어째서 이롭고 명예로운 것이란 말인가? 재산을 늘리고 모으는 데만 혈안이었지, 그 재산이 어디에 쓸모가 있는지를 모른다면 어리석은 것이다. 누가 음악에 무지한 사람에게 피리를 사주고, 글을 모르는 사람에게 책을 선물한단 말인가? 아무리 많은 재산도 그것을 올바르게 사용할 줄 모르는 사람에게는 무용지물이다. 만일 당신이 훌륭하게 교육받은 사람에게 재산을 물려준다면, 그 사람에게 좋은 일을 할 수 있는 수단을 주는 것이나, 똑같은 양의 재산을 무례하고 야만스러운 사람에게 준다면, 당신은 사악하고 무책임한 삶을 살아가는 밑천을 대주는 꼴이다. 이렇게 행동하는 아버지보다 정신 나간 사람이 또 있겠는가? 그러한 아버지는 아들의 물질적인 복락에만 관심이 있을 뿐, 도덕적 삶의 원천인 아들의 영혼은 경시하는 것이다.

나는 도덕적이고 지적인 우수성이 부모가 자녀들이 향유하기를 바라는 축복들인 부, 지위, 권력, 건강 등을 얻는 데 가장 크게 도움이 된다고 믿는다. 부모들은 아이들이 사냥에서 성공하기를 바라면서도 그들에게 사냥을 할 수 있는 창은 주지 않는다. 당신은 아들에게 도덕적 선함을 물려줄 수 없다. 당신이 할 수 있는 일이라곤 아들에게 그 최상의 보물을 획득할 수 있는 수단을 마련해 주는 것이다. 당신이 개나 말은 잘 훈련시키면서도 아들은 도덕적으로나 지적으로 똑바로 가르치지 못한다면 당신은 확실히 어리석은 것이다. 마찬가지로 당신이 영지만 멋지게 가꾸었지 아들의 교양에는 무심하다면, 또 호화로운 예술품들로 가득한 저택에서 아름다운 구석이란 전혀 없는 아들과 함께 지낸다면, 당신은 분명 정도를 벗어난 것이다.

여기 실용적인 지혜로 이름난, 하지만 유독 자기 아이의 교육만큼은 나이가 들어 교육의 효과가 반감할 때까지 미루는 부모들이 있다. 정말이지 그들은 아이의 교육에 대해서는 생각 자체를 하지 않는 것 같다. 이러한 부모들은 오직 아이의 물질적이고 외재적인 안락함에만 관심을 갖는다. 그것도 아이가 아직 세상에 태어나기 전부터 말이다. 부모들은 사전에 모든 조치를 강구한다. 그들은 아이가 아직 어머니의 뱃속에 있을 때 점술가[8]를 불러 아이의 성별과 직업을 예언하도록 한다. 만일 점술가가 "이 아이는

---

8 코흐는 『에라스무스의 출생 시점과 다른 연대기적 사실들』(우트레히트, 1969, 29–44)에서 에라스무스가 흔히 생각하는 것과 달리 점성술을 의심하거나 멸시하지 않았다고 말한다. 그밖에 필립스의 만평(『에라스무스 영문회보』, 6(1973), 14–15)을 참조하라.

장차 훌륭한 군인으로 성공할 운명입니다"라고 말하면, 부모들은 "그렇다면 우리는 이 아이를 궁정 신하로 들여보내야겠는 걸"하고 응수한다. 또, 점술가가 "이 아이는 교회에서 높은 지위에 오를 점괘입니다"라고 예언하면, 부모들은 "그렇다면 우리는 훌륭한 감독관과 수도원을 물색해 이 아이가 장차 그곳의 수도원장이 되도록 해야겠는 걸"하고 답한다. 이러한 출생 전의 예언들이 때 이른 것이 아니라면, 아이의 교육에 대해 미리부터 생각을 하는 것도 너무 빠른 것은 아니다. 왜 처음부터 온통 장군이나 각료를 만드는 일에만 관심을 갖고, 당신 아들이 그 직책에서 국가에 훌륭히 봉사해야 한다는 점은 묵과하는가? 사실 당신 정도라면 아들에게 주교나 수도원장 자리를 어렵잖게 만들어 줄 수 있다. 그러나 당신은 아들의 직무수행 능력까지는 길러줄 수 없다. 말하자면, 당신은 아들을 전차 위에다는 앉혀 놓았는데, 그만 전차를 모는 법은 가르치지 않은 것이다. 또, 당신은 아들의 손에 배의 키는 쥐어주었지만, 정작 그에게 선장이라면 으레 알아야만 하는 것들을 가르치지 않은 것이다. 그러다보니 당신의 가장 값진 소유물(다른 것들은 모두 그것을 위해 존재하는)이 모순되게도 가장 소홀히 다루어지는 것이다. 당신의 영지·저택·쟁기·의류·가구들은 번쩍번쩍 빛이 나고, 당신의 말들은 훌륭하게 길들여져 있고, 당신의 하인들은 세련되게 훈련되어 있는데 오직 하나, 당신 아들의 마음만은 낭비와 소홀의 깨진 박 신세인 셈이다. 당신이 "경매에

붙여진"[9] 거칠고 야만스러운 노예 한 명을 샀다고 가정해 보자. 새로 구입한 노예가 아직 어리다면 당신은 그에게 가장 적합한 일이 무엇인지를 궁리하면서 당장 요리, 의술, 농사, 가사와 같은 특정 기술의 훈련을 시작할 것이다. 그러나 당신은 당신 아들만은 마치 빈둥거리면서 소일하기 위해 세상에 태어난 것처럼 방치해 둔다. 당신은 아마도 이렇게 말할 것이다. 당신 아들은 굳이 일을 하지 않아도 먹고 살기에 충분한 재산을 가지고 있다고 말이다. 옳은 말이다. 그렇지만 당신 아들이 좋은 삶을 살 수 있는 수단까지 가지고 있는 것은 아니다.

부유할수록 아이들의 교육을 등한시하는 것이 관례인가보다. 우리의 고관대작께서는 이렇게 말한다. "도대체 내 아이들이 철학 따위를 배워야 하는 이유가 무엇이오? 그들은 장차 원하는 것은 무엇이든지 가질 수 있을 텐데 말이오." 옳은 말이다. 그러나 부유한 사람일수록 철학의 안내를 받아야 한다. 배가 크고 싣는 짐이 많을수록 솜씨 좋은 키잡이가 필요하다. 우리 황제님들은 자식들에게 보다 넓은 영토를 물려주기 위해 동분서주한다. 그러나 그들은 아이들에게 올바른 통치술을 교육하기 위해서도 부단히 애써야 한다.

---

9 에라스무스, 『격언집』, III i 67.

한낱 생명만 주기보다는 인생을 잘 사는 수단을 주는 것이 훨씬 많이 주는 것이다. 아이들은 자기들을 세상에 낳아 놓기만 하고 제대로 키우지 않은 부모들에게 고마운 마음을 갖지 않는다. 알렉산더 대왕의 말은 유명하다. "내가 알렉산더가 아닐 수 있다면[10] 나는 디오게네스[11]이고 싶다." 이에 대한 플루타르코스의 비평은 적절했다. 알렉산더는 넓은 영토를 정복해 감에 따라 디오게네스의 지혜가 더욱 절실했던 것이다.

더욱 볼썽사나운 점은 부모들이 자녀들의 교육을 도외시할 뿐만 아니라, 아이들을 나쁜 습관에 방치해 둠으로써 타락을 조장한다는 것이다. 테베의 유명한 철학자 크라테스[12]는 이러한 괴팍한 마음이 인간에게 있음을 간파했다. 그는 도시의 제일 높은 곳까지 올라가 인간의 우매함에 대해 목청껏 외쳤다. "어리석은 인간들이여, 도대체 어떤 망령이 당신들을 사로잡고 있기에 부와 재산을 늘리는 데는 혈안이 되어도 아이들에게는 눈길 한 번 주

---

10 플루타르코스, 『영웅전』, 알렉산더 22. 디오게네스 라에르티오스, 6.32.

11 견유학파의 창시자(c.400-325BC). 디오게네스는 스스로 인습에 얽매이지 않는 삶을 살면서 행복이란 최소한의 욕구를 가장 간단하고 쉬운 방식으로 만족시키는 데 있다고 주장했다.

12 견유학파의 또 다른 철학자(c.365-285BC). 플루타르코스의 『도덕집』 4A에 나오는 일화지만, 원출처는 소크라테스로 여겨진다.

지 않는가? 이 모든 것을 당신 아이들을 위해 모으는 것이 아니란 말인가?" 아이들을 낳아만 놓고 제대로 기르지 않는 여인들도 반쪽짜리 어머니에 불과하다. 또, 아이들의 물질적 욕구는 해롭다 싶은 정도로 만족시켜주면서 그들의 교육에는 전적으로 무관심한 아버지들은 반쪽짜리 아버지도 못 된다. 나무는 나중에 거칠고 척박하게 변해도 처음부터 나무고, 말도 나중에 쓸모가 없어져도 태어나는 순간부터 말이다. 그러나 인간은 확실히 타고나는 것이 아니라 만들어지는 것이다. 숲속 무법천지에서 학교교육도 없이 난잡한 생활을 하는 원시인은 인간이라기보다는 야생 동물이다. 이성이 우리의 인간성을 규정한다. 육체적 욕망이 지배하는 곳에서 이성은 제자리를 찾지 못한다. 만일 물리적 형태[13]가 인간의 참된 본성을 이루는 것이라면, 거리의 동상들도 인간이라 할 것이다.

어느 날 아리스티포스[14]는 젊은이가 교육을 받아 좋은 점이 무엇이냐는 부유하지만 멍청한 시민의 질문에 다음과 같이 재치 있게 대답했다. "글쎄요, 그는 적어도 극장 관중석에 나란히 쌓여 있는 돌멩이들처럼 앉아있지는 않아도 되겠지요." 또 다른 철학자

13 에라스무스, 『발음에 대하여』, CWE[에라스무스 전집], 26 368.

14 쾌락주의학파의 창시자(c.400BC). 디오게네스 라에르티오스, 2.72.

디오게네스[15]도 아리스티포스만큼이나 유쾌한 기지를 선보였다. 그는 벌건 대낮에 밝은 램프를 들고 사람들이 우글거리는 시장 바닥을 헤집고 다니곤 했다. 누군가 그에게 이유를 묻자 이 철학자는 말했다. “나는 지금 인간을 찾고 있는 중이지요.” 물론 주변은 사람들로 북적대고 있었지만, 그의 눈에 이들은 인간이라기보다는 동물의 무리에 지나지 않았다. 또 한 번은 이 철학자가 눈에 잘 띄는 곳에 자리를 잡고 사람들을 불러 모으면서 외쳤다. “인간들은 모두 이쪽으로 오시오.” 많은 사람들이 그의 주변에 모여들었다. 그러나 그는 멈추지 않고 “인간들은 모두 이쪽으로 오시오”라고 계속해서 소리를 질렀다. 그러자 옆에 있던 한 사람이 불만 섞인 목소리로 말했다. “여기 우리들이, 당신이 찾고 있는 인간들이 모두 모였소. 이제 그만 당신이 하고 싶은 말을 해 보시오.” 그러자 이 철학자는 말했다. “나는 인간들을 원하오, 당신들이 아닌 …… 당신들은 인간이 아니란 말이오.” 그러고는 지팡이를 들어 모인 사람들을 쫓아버렸다.

철학이나 다른 학문을 공부하지 않은 사람이 짐승보다 열등한 존재라는 것은 논쟁의 여지가 없다. 동물들은 자연의 본능을 따를 뿐이다. 그러나 인간은 학습과 철학의 도움 없이는 금수보

15 앞의 주, 11. 디오게네스 라에르티오스, 6.41, 6.32.

다도 못한 충동에 사로잡힌다. 야심, 탐욕, 노여움, 시기심, 사치, 욕정에 휘둘리는 인간보다 더 야만스럽고 위험한 짐승은 없다. 그러므로 일찍부터 아들의 교육에 최상의 주의를 기울이지 않는 아버지는 인간이라 할 수 없는 인간 본성에 반하는 존재이다.

인간의 영혼이 동물의 몸속에 갇혀 있다면 흉측한 기린아의 모습이 아닐까? 우리는 키르케[16]의 이야기를 알고 있다. 그녀는 마법을 걸어 인간을 사자, 곰, 또는 돼지로 변형시킴으로써 인간의 영혼을 동물의 몸속에 집어넣었다. 이와 관련해 아풀레이우스[17]는 이러한 운명이 자신에게 어떻게 닥쳐왔는지를 말하고 있다. 성 아우구스티누스[18]도 사람이 늑대인간으로 변할 수 있다고 믿었다. 과연 누가 그러한 괴물의 아비임을 견딜 수 있겠는가? 그러나 인간의 몸속에 짐승의 영혼이 기거한다면 훨씬 격분할 일이다. 그러나 대다수의 부모들(자타가 모두 지혜로운 사람들로 인정하는)은 아이들을 그러한 끔찍한 상태로 키우면서 만족해한다. 어미 곰은 형체

16 호메로스, 『오디세우스』, 10.210 이하.

17 2세기 작품인 아풀레이우스의 소설 『변신』(혹은 『황금당나귀』)에서 주인공 루키우스는 당나귀로 몸이 바뀐다. 그는 오랜 시간의 방황과 시련 끝에 여신 이시스의 도움으로 인간의 형체를 되찾는다.

18 성 아우구스티누스는 『신국론』 17.18.3에서 변신의 가능성을 완전히 부정하지 않는다. 그러나 주로 꿈과 악몽과 악마의 영향으로 그러한 개념이 인간의 마음속으로 들어온다고 말한다.

를 알 수 없는 덩어리 같은 것을 하나 낳아서 그것을 인내를 가지고 핥아 곰의 형상을 만든다.[19] 그러나 어떤 곰 새끼도 세상에 갓 태어난 인간의 영혼만큼 생경하고 불명료한 질료 덩어리는 아니다. 당신이 아이의 마음을 만들고 가다듬지 못한다면, 당신은 인간이 아닌 괴물의 아버지가 될 것이다. 만일 당신의 아이가 어떤 신체적 결함을 가지고 태어난다면(예를 들면 원추형 머리, 곱은 등, 여섯 손가락 등), 당신은 매우 화를 낼 것이고, 인간이 아닌 괴물의 아버지라는 세간의 놀림에 창피할 것이다. 그런 당신이 아이의 마음이 기형일 때는 아무렇지도 않을 수 있는가? 방금 태어난 아이가 백치이거나 지능이 떨어질 때 부모들은 비탄에 잠긴다. 그들은 세상에 인간이 아닌 괴물을 낳아 놓았음을 슬퍼하고, 법의 제재가 없다면 영아살인도 서슴지 않을 태세다. 우리는 아이의 지능이 떨어진다는 이유에서 우리 자신의 부주의는 도외시한 채 자연만을 탓할 수 있겠는가? 사실 지능이 낮은 것은 마음이 사악한 것보다 훨씬 낫다. 교양도 도덕심도 없는 인간보다는 차라리 돼지가 낫다는 말이다. 자연이 당신에게 부여한 아이는 무형의 질료 덩어리에 불과하다. 그러나 그것은 쉽게 고부라지고 어떤 형태로도 변형이 가능하다. 그러므로 당신은 아이를 가능한 한 최상의 인

19 고대로 거슬러 올라가는 일반적인 믿음. 플리니우스, 『자연사』, 8.126.

격체로 만들어야 한다. 만일 당신이 이 일을 소홀히 한다면 한 마리의 짐승을 기르는 것이겠으나, 스스로 최선의 노력을 다한다면 당신은 한 명의 신과 같은 존재를 만들 수 있을 것이다.

아이는 태어나자마자 인간의 고유한 특징들을 쉽게 받아들인다. 베르길리우스[20]의 말대로 "어려서부터 줄곧 최상의 주의를 기울여라." 밀랍[21]은 부드러울 때 문형을 새겨야 하고, 점토는 축축할 때 모양을 만들어야 한다. 값비싼 액체는 새 항아리[22]에 붓고, 물감은 순백의 천[23]에 들여야 한다. 일찍이 안티스테네스[24]는 학부모가 무엇을 준비해야 하는지를 물었을 때 "새 책, 새 연필, 새 공책"이라고 재치 있게, 그러나 진실 되게 말했다. 아직 물들지 않은 깨끗한 영혼을 암시하면서 말이다. 당신은 이러한 새로움과 신선함을 영원히 보존할 수 없다. 만일 당신이 아이의 영혼을 온전히 인간답게 만들지 못한다면, 그의 마음은 곧 스스로 타락해 동물적인 야성을 드러낼 것이다.

---

20 베르길리우스, 『농경가』, 3.74. 문맥은 말들의 사육과 양육이다.

21 에라스무스, 『격언집』, III ii 33. 에라스무스, 『발음에 대하여』, CWE, 26 370 & n18. 『전도서』, LB V 948D.

22 에라스무스, 『격언집』, II iv 20.

23 에라스무스, 『격언집』, IV vii 39.

24 c.445–368BC. 종종 견유학파의 창시자로 여겨진다. 디오게네스 라에르티오스, 6.3.

자녀교육은 신과 자연에 대한 의무이지만, 어려서부터 좋은 교육을 받았던 아이들은 이익을 가져다주지 못해도 부모들에게 커다란 위로와 지지와 긍지의 원천이 된다. 한편 교육에 무관심했던 아이들은 부모들에게 단지 불명예와 재앙만을 안긴다. 이와 관련해 나는 고대의 선례들을 열거할 필요도 없다. 당신이 살고 있는 도시의 가정들만 주의 깊게 들여다보아도, 도처에서 수많은 사례들을 만나볼 것이다. 당신은 종종 부모들의 외침을 들을 것이다. "차라리 아이들이 없었다면 얼마나 행복했을까?", 또는 "행운의 여신은 아이들을 낳지 않는 데 있구나!" 확실히 자녀교육은 막중한 과제이다. 그러나 누구도 자기만을 돌보기 위해서 태어난 것은 아니며, 빈둥거리며 소일하라고 태어난 것도 아니다. 당신은 아버지가 되고자 했고, 그렇다면 당연히 좋은 아버지가 되어야 한다. 당신은 자신의 이익뿐만 아니라 인간 공동체의 이익을 위해서도 아버지가 되었다. 기독교의 용어를 빌면, 이는 신을 위함이지 당신 자신만을 위한 일이 아니다.

성 바울[25]에 따르면, 여성들은 아이들을 낳아 신의 뜻대로 양육하는 것을 통해 구원을 받을 수 있다. 신은 아이들의 죄를 부모들에게 묻는다. 그러므로 당신이 아들을 도덕 원칙에 기초해 잘

25 에라스무스는 『디모데서』 전서 2:15에서 자유롭게 개작한다.

교육하지 못한다면, 당신은 무엇보다도 스스로 죄를 짓는 것이다. 왜냐하면 당신은 자신의 나태함으로 인해 지상의 어느 적으로부터도 기대할 수 없는 무섭고 끔찍한 운명을 스스로 준비하고 있는 꼴이기 때문이다. 일찍이 디오니시우스[26]는 추방자 디온의 젊은 아들을 궁전으로 꾀어내 쾌락으로 물들였다. 디오니시우스는 도덕적 타락이 공공연한 살인보다 디온의 마음을 더욱 슬프게 만들 것이라고 확신했다. 훗날 디온이 돌아와 그의 아들을 예전의 순수함으로 되돌려 놓으려 했을 때, 이 불쌍한 젊은이는 그만 점포 옥상에서 뛰어내려 스스로 목숨을 끊었다. "지혜로운 아들은 아버지에게 기쁨을 주지만, 멍청한 아들은 어머니의 마음을 무겁게 짓누를 뿐이다"는 유대 성인의 말씀[27]은 옳았다. 실제로 지혜로운 아들은 아버지의 기쁨이자 영예이고 든든한 버팀목으로서 삶의 전부라 해도 과언이 아니다. 반면에 어리석고 타락한

26 시라쿠사의 독재자 디오니시우스 1세의 아들이다. 그는 367-366BC년에 아버지의 왕위를 물려받았다. 디온은 손위 사촌이었고, 아버지 궁전의 재상이었다. 디온의 부름으로 플라톤은 시라쿠사로 건너와 어린 디오니시우스의 가정교사가 되었다. 그러나 플라톤은 디오니시우스를 철인왕으로 만드는 데 실패했고, 그의 학생이 왕위에 오르자 곧 시라쿠사를 떠났다. 디온 또한 오래지 않아 디오니시우스의 신임을 잃었고, 오랫동안 망명 생활을 했다. 디오니시우스가 디온의 아들을 타락시켜 자살에 이르게 했다는 이야기의 출처는 코르넬리우스 네포스의 『위인전』 10.4이다.

27 『잠언』, 10:1.

아들은 아버지에게 단지 슬픔, 불명예, 빈곤, 겉늙음을 초래할 뿐이어서 부모들은 이러한 아들이라면 차라리 죽어버렸으면 하는 것이다. 더 이상의 보충 설명이 필요한가? 매일 우리는 눈앞에서 살아 움직이는 시민들의 예를 보지 않는가? 그들은 망나니 같은 아이들 때문에 가산을 모두 탕진하기도 하고, 아들 녀석이 교수대로 끌려가고 딸자식이 매춘을 해서 부끄러워 얼굴을 들고 다니지 못하기도 한다. 나는 자녀들 중에 심신이 깨끗한 아이가 한 명도 없는 불쌍한 신사 양반들을 여럿 안다. 이를테면 자식들 중 하나는 매독[28]에 걸려 산송장이나 다름없고, 다른 녀석은 음주가무에 빠져 "창자가 터지고,"[29] 나머지 한 놈은 밤중에 몰래 변장하고 창녀를 찾아 거리를 배회하다 누군가의 칼에 찔려 죽었다.

어째서 이러한 황당무계한 일들이 일어난단 말인가? 오늘날 부모들은 아이들을 세상에 낳아 놓고는 그들을 돈으로 치장만할 뿐, 자식교육에는 털끝만큼의 관심도 없다. 우리 사회에는 아이들을 숲속에 내다버려 야수의 먹이가 되도록 방치한 사람들을

---

28 에라스무스는 당시 유럽에 널리 퍼져있던 매독의 폐해를 심각하게 인식했다. 상세한 예는 톰슨의 『에라스무스 대화집』 40-42를 참조하라.

29 "창자가 터지다"에 상응하는 고전 라틴어 표현은 없다. 추측컨대 플라우투스의 "방귀를 붕 뀌다"라는 표현과 세네카의 "쩍하고 갈라지거나 떨어지다"라는 표현을 적당히 결합해 사용한 것 같다. 에라스무스가 이러한 강하고 통속적인 표현을 사용한 경우는 극히 이례적이다.

처벌하는 법이 있다. 그러나 자연이 올바르게 키워서 도덕적으로 좋은 삶을 살도록 하라고 명령한 아이들을 짐승 같은 충동에 방치하는 것보다 더 잔인한 버림이 있을까? 여기에 테살리아의 마녀가 나타나 자신의 마력을 사용해 당신의 아들을 돼지나 늑대로 변형시키려 한다면, 당신은 그녀를 처벌하는 데 눈곱만큼의 관용도 베풀지 않을 것이다. 그러나 당신은 그 마녀의 몹쓸 짓을 스스로 열심히 실천에 옮긴다. 육욕은 흉측한 동물적 본성이다. 사치는 식욕이 왕성한, 만족을 모르는 괴물이다. 만취는 야만스러운 짐승이다. 노여움은 두려운 존재이다. 그리고 야심은 무서운 동물이다. 어려서부터[30] 부단히 아이에게 착한 것을 사랑하고 나쁜 것을 미워하는 마음을 심어주지 못한 사람은 아이를 이러한 무자비한 괴물들로 키우는 것이다. 설상가상으로 그는 아이를 이러한 짐승 같은 욕구로 유기할 뿐만 아니라 자멸을 가져올 끔찍하고 파괴적인 괴물을 집안에 기르는 것이다.

우리는 마법의 힘을 빌려 어린 몸에 몹쓸 짓을 하는 미개 부족들을 혐오한다. 그렇다면 부주의하고 삐뚤어진 양육을 통해 아이들의 영혼을 더럽히는 부모들에 대해서는 어떻게 말해야 하는가? 우리는 세상에 갓 태어난 아이들을 죽이는 사람들을 영아살

30 에라스무스, 『격언집』, I vii 52.

인자로 부른다. 그러나 이들은 단지 육체만 파괴할 뿐이다. 영혼을 죽이는 일은 훨씬 심각한 범죄이다. 왜냐하면 영혼의 죽음은 어리석음, 무지함, 사악함을 의미하기 때문이다. 부모들은 또한 위험한 존재를 길러냄으로써 사회에 해를 끼치고, 나아가 신에게도 잘못을 저지른다. 신은 종교적 가르침을 통해 아이들을 바르게 양육할 것을 명했기 때문이다. 이 모든 것을 심사숙고해 보았을 때 유년기의 교육을 등한시함은 결코 가벼운 죄일 수 없다.

앞서 언급했듯이 아이의 양육에 소홀한 것도 잘못이지만, 더 큰 문제는 어린 마음을 온통 사악함으로 헤집어 놓아서 아이들이 나쁜 짓을 그것이 무엇인지도 모르고 배운다는 것이다. 어려서부터 세련된 자주색 옷을 입는데 익숙한 아이가 자라서 신중하고 겸손하게 행동할 수 있을까? 아이는 글자를 배우기 전부터 화려한 자줏빛[31] 옷을 알아보고 그것을 달라고 조를 것이다. 그리고 놀래기와 숭어[32]와 같은 값비싼 음식들에 입맛이 길들여져 평범한 음식은 거들떠보지도 않을 것이다. 경솔한 행동을 일삼는 아이가 장차 남의 존경을 받는 훌륭한 젊은이로 성장할 수 있을까? 아이였을 때부터 황금과 돈이 최고라는 소리만 듣고 자란 사람에

31 에라스무스, 『격언집』, II i 74. 『전도서』, LB II 435.

32 의고주의. 로마의 식도락가들이 무척이나 좋아했던 물고기들이다.

게서 너그러움을 바랄 수 있을까? 아동기에 이미 완전히 타락한 아이(도덕적 양육과 같은 것을 시작도 해보기 전에)가 어떻게 사치와 방종의 삶을 살지 않을 수 있을까? 오늘날에 옷을 만드는 기술은 과거에 아프리카[33]에서 그러했듯이 비약적으로 발전하고 있다. 우리는 모양이 남다른 옷을 찾아 아이에게 입힘으로써 허영심을 부추기고, 그 옷을 도로 벗기면서 평정심을 깨뜨린다. 아이였을 때 술맛을 알아버린 사람이 어떻게 어른이 되어서 그 유혹을 뿌리칠 수 있단 말인가? 퀸틸리아누스의 표현대로[34] 어린 아이들은 알렉산드리아의 방탕한 젊은이들 사이에서도 찾아보기 힘든 저속한 언어들에 방치되어 있다. 아이들은 이러한 언어를 사용함으로써 어른들의 귀여움을 독차지한다. 물론 아이들은 어른들의 언행을 따라하는 것이기에 부모들은 아이들의 도덕적 타락을 인지하지 못할 것이다. 속담에도 있듯이, 아이는 하녀들의 부끄럼 모르는 애무와 경망스러운 행동에 반응하면서 성격을 형성한다. 늘

33 아리스토텔레스가 『동물사』 8.28(606 b20)에서 언급한 "아프리카에서는 언제나 새로운 것을 만들어낸다"를 인유한 것으로서 나중에 플리니우스가 『자연사』 8.17에서 인용한다.

34 이 문장은 퀸틸리아누스의 1.2.7-8을 거의 그대로 가져다 놓은 것이다. 원문에는 "그가 말한대로"라는 퀸틸리아누스를 암시하는 표현이 나온다. 번역자는 출처를 명확히 한다는 점에서 "퀸틸리아누스의 표현대로"라고 옮겼다.

술에 취해 욕지거리만 하는 아버지를 보고 자란 아이, 또 사치와 욕정으로 점철된 주연을 반복적으로 지켜본 아이, 그리고 항상 집에서 무언극 배우들, 피리 연주자들, 기타 연주자들, 무녀들의 왁자지껄한 소리를 주워들은 아이는 이러한 삶의 방식에 너무나도 익숙한 나머지 습관이 점차 제2의 본성이 될 것이다.

어머니의 자궁에서 나온 지 얼마 안 된 아이들을 잔인한 싸움의 방식으로 키우는 것이 관행인 나라들이 있다. 사람들은 아이들에게 무서운 얼굴 표정, 무기에 대한 사랑, 그리고 주먹다짐을 훈련시킨다. 이러한 예비단계를 마치면, 아이들을 교사에게 양도한다. 우리는 이러한 아이들(어머니의 젖과 함께 사악함을 빨아먹고 자란)이 선한 것에 전혀 마음을 쓰지 않는다고 놀라서는 안 된다. 일부 멍청한 사람들은 아이들을 키우는 지루하고 귀찮은 일상에서 그들의 익살스러운 장난을 보는 재미라도 있어야 보람을 느끼지 않겠느냐고 말한다. 정말로 무슨 놈의 구실이 이러한가? 참된 아버지라면 아이의 무례한 말과 부끄러운 행동에 희희낙락하기보다는 그가 혀 짧은 소리나마 덕성을 북돋는 말을 되풀이하고 좋은 행동을 모방하려고 애쓸 때 보람을 느끼지 않을까? 자연은 어린 아이들에게 특별한 재능으로서 모방하는 능력을 주었다. 그러나 악한 것을 따라하는 욕구가 선한 것을 따라하는 욕구보다 훨씬 강하다. 올바른 사람이 특히 아이들을 키울 때 선보다 악에서 커다란 기쁨을 느낄 수 있을까? 당신은 아이의 살갗에 먼지라도 묻으면 바로 털어주면서 그의 마음은 더러운 것으로 오염시키고 싶은가? 결국 마음이 처음 비어있을 때 들어온 것이 그 안에 가장 오랫동안 남아있는 것이다.

아이들을 여섯 살이 넘도록 허약한 존재로 간주하며 자신들의 치마폭으로 감싸는 여성들이 있다. 무슨 놈의 모성애가 이렇단 말인가? 가지고 놀 장난감이 필요하다면, 원숭이나 몰타에서 수입한 강아지를 구하면 되지 않는가? 이러한 여성들은 "그들은 아직 아이들에 불과하잖아요"라고 말한다. 옳은 말이다. 그러나 설령 그렇다 하더라도, 우리는 아이의 삶 전체에서 유년기가 차지하는 중요성을 아무리 강조해도 지나치지 않는다. 아이가 교사 앞에서 거칠고 버릇없게 구는 것은 바로 이러한 유년기의 과잉보호 때문이다. 이를 두고 어머니들은 온화함이라 부르나, 그 결과는 아이의 타락이다. 이러한 부류의 어머니들은 아동학대로 처벌을 받아야 하지 않을까? 어느 정도까지 그들은 독살이나 영아살인에 버금가는 죄를 저지른 것이 분명하다. 아이들을 현혹시키고, 어린 몸에 독을 주입하는 것은 법으로 처벌이 가능하다. 그렇다면 아이의 가장 소중한 부분을 독을 사용해 파괴하는 사람들에게 우리는 어떤 죄를 물어야 할까? 몸을 죽이는 일은 영혼을 죽이는 일에 비하면 하찮은 죄에 불과하다. 만일 어린 아이가 말더듬이, 사팔뜨기, 절름발이들과 함께 자란다면, 이러한 만남은 그 아이의 몸에 유해한 영향을 미칠 것이다. 그러나 영혼에 대한 해로운 영향은 겉으로는 눈에 덜 띄어도 한층 빠르게 가해지고 깊숙이 침투한다. 성 바울[35]이 "나쁜 친구와 사귀면 도덕적으로 타락한다"는 메난드로스의 말을 좋아했던 까닭이다. 특히 어린 아이들의 경우가 그러하다. 일찍이 아리스토텔레스[36]도 좋은 말을 기르는 방법과 원칙이 무엇이냐는 질문에 "당신의 말을 혈통 좋은 말들 사이에서 기르시오"라고 대답했다.

만일 우리가 사랑이나 이성을 통해서도 유년기의 교육적 중요성을 자각하지 못한다면, 말 못하는 동물들의 예를 참고해야 한다. 우리는 동물들로부터 유익한 삶의 교훈을 얻는 데 망설여서는 안 된다. 이미 오래 전부터 인류는 이러한 동물들로부터 많은 이로운 것들을 배워 알았다.[37] 우리는 하마로부터 방혈을 배웠고, 이집트 따오기로부터 아스클레피오스의 후예들〔의사들〕이 칭찬해 마지않는 의료 기구인 주사기의 사용을 배웠다. 사슴은 우리에게 꽃박하[38]라는 식물을 이용하면 화살을 보다 쉽게 뽑아낼

35 『고린도서』, 전서 15.33.

36 인용문은 아리스토텔레스의 방대한 저작 어디에도 나오지 않는다. 에라스무스의 자료는 디오게네스 라에르티오스 6.11이다.

37 동물에 대한 설화적 지식은 에라스무스 시대에 자연과학 분야에서 여전히 유효했던 학습 유형이다. 당시에는 동물의 삶을 인간중심적이고 목적론적인 관점에서 설명하고 고대인들의 관찰과 이론을 무비판적으로 수용했다. 노 플리니우스는 최고의 권위자 중 한 명이었다.

38 의학적 효능이 뛰어난 광대나물과 식물이다.

수 있다는 사실을 가르쳐 주었고, 또한 한 접시 분량의 게살이 독거미에 대한 해독제로서 특효가 있다는 사실을 가르쳐 주었다. 우리는 도마뱀으로부터 꽃박하 잎사귀가 뱀에 물린 곳에 효능이 있음을 알았다. 뱀과 도마뱀은 본능적으로 서로 싸운다. 이때 우리는 도마뱀이 뱀에 물린 상처를 치유하기 위해 꽃박하 잎사귀를 상처 부위에 올려놓는다는 사실을 알았다. 우리는 제비로부터 미나리[39]의 유용성을 알았다. 우리는 거북이로부터 마조람 풀이 뱀에 물린 곳에 효능이 있음을 알았다. 그리고 루타초의 치유 효과는 족제비가 전해주었다. 황새와 수퇘지는 오레가노와 담쟁이의 의약적 용법을 각각 알려 주었다. 마지막으로 우리는 뱀으로부터 회향 열매가 시력에 좋고, 살무사로부터 양상추가 구토를 예방하고, 그리고 표범으로부터 인간 배설물이 늑대의 독을 없애준다는 사실을 알았다. 그밖에도 우리는 다른 많은 유익한 처방들을 말 못하는 짐승들로부터 배웠다.

우리는 또한 동물들로부터 인간의 삶을 유지하는 방법과 기술을 습득했다. 예컨대 우리는 돼지로부터 쟁기질하는 방법을 배웠고 제비로부터 진흙을 사용해 집을 짓는 기술을 얻었다. 한 마디로 인간 사회에 쓸모 있는 기술치고 자연이 먼저 동물의 세계에

39 노란색 꽃을 피우는 양귀비꽃과 식물로서 치료 효과가 탁월하다.

마련해 놓지 않은 것은 거의 없다. 철학과 배움이 모자란 사람들도 동물들을 보면서 자신들의 의무를 떠올린다는 말이다.

우리는 동물이 새끼를 낳아 먹이만 주는 것이 아니라 자연의 기능을 수행하기 위한 훈련도 시킨다는 사실을 안다. 예를 들면 새의 본능은 날아오르는 것이므로 어미 새는 새끼에게 그러한 기술을 가르친다. 집 고양이는 새끼에게 쥐나 어린 새를 사냥하는 법을 훈련시킨다. 어미 고양이는 새끼에게 잡은 먹이를 산 채로 보여주면서 먹이가 도망칠 때 어떻게 덮쳐야 하는지를 직접 가르치고, 잡은 먹이를 어떻게 삼켜야 하는지도 알려준다. 사슴의 경우에는 어린 새끼가 태어나면 가장 먼저 뛰어다니는 연습을 시킨다. 언제나 도망칠 만반의 준비를 하고 경사진 곳에서는 어떻게 뛰어야 사냥꾼의 덫을 피할 수 있는지를 실제 행동을 통해 가르친다. 돌고래와 코끼리의 양육은 거의 학교교사의 일에 버금가는 체계적인 수준이고, 나이팅게일의 경우에는 교사와 학생의 역할이 명확히 구분되어 학생은 교사의 가르침과 지시를 철저히 따른다. 개는 사냥하고, 새는 날아오르고, 말은 달리고, 소는 밭갈이를 위해 태어난다면, 인간은 지혜를 추구하고 올바른 삶을 살기 위해 태어난다. 모든 생명체는 자기 본연의 기능을 어떻게 수행해야 하는지를 쉽게 배운다. 그러므로 인간에게 덕을 가르치는 일도 어렵지 않다. 자연이 이러한 목적을 염두에 두고 우리의 마음에 심어둔 씨앗들은 출생과 더불어 꽃망울을 터뜨린다. 이러한 자연적인 성향에 더해서 헌신적인 교사의 노력만 있으면 족하다.

말 못하는 동물들도 어린 새끼들에 대한 의무를 알고 실천에 옮기는데 하물며 이성을 가지고 있어 짐승과 구분되는 인간이라는 존재들이 자연에 대한 의무를, 부모로서의 사랑의 의무를, 그리고 궁극적으로 신에 대한 의무를 망각하고 있으니 참으로 어처구니없다. 어떤 동물도 보상을 대가로 자신의 새끼를 돌보지 않는다. 물론 황새[40]는 나중에 차례가 되었을 때 늙은 어미 새를 자기 등에 업고 다니면서 봉양한다는 이야기가 있다. 한편 인간의 경우에는 부모에 대한 자식의 사랑이 나이가 들었다고 사라져 버리는 것이 아니다. 자식교육을 잘 시킨 부모라면 장차 아들로부터 바라지 못할 위로, 평판, 도움이 무엇이란 말인가? 자연은 당신에게 미개간의 땅을 맡겼다. 아직 경작하지 않은 땅이지만 토질은 비옥하다. 당신은 이 땅이 잡초와 관목으로 우거져 나중에 회복이 불가능한 상태가 되도록 지켜만 볼 것인가? 조그만 씨앗 안에 거대한 나무의 모습이 감추어져 있고, 그 씨앗을 싹틔워야 나무에 열매도 풍성하게 달린다. 그러나 당신이 씨앗을 바르게 심고 묘목이 건강하게 자라도록 주의를 기울이지 않는다면, 또 제멋대

---

40 이야기는 플리니우스의 『자연사』 10.32에 터한다. 『신경 해설』, LB V 1191F에도 나온다.

로 뻗어나가는 것을 바로잡아주지 않는다면, 당신의 희망은 한순간에 물거품으로 변할 것이다. 정원의 나무가 옆으로 조금 기울지 않을까 밤새 노심초사하는 그대여! 혹시 집안의 아들은 무관심에 시들어가고 있지 않은가?

일반적으로 인간의 행복을 결정하는 세 가지 요소는 본성, 방법, 실천이다.[41] 본성은 타고난 능력과 착한 성향이다. 방법은 조언과 수업으로 이루어진 학습이다. 마지막으로 실천은 자연이 심어주었거나 방법을 통해 만들어진 기질의 훈련이다. 본성은 오로지 방법을 통해서만 실현 가능하고, 실천은 방법의 안내를 받지 못하면 무수한 잘못과 유혹에 빠진다.

그러므로 우리의 타고난 품성이 고정 불변이라는 생각은 잘못이다. 우리가 교육의 혜택 없이 실천적인 경험을 통해서만 지혜로워질 수 있다는 생각도 잘못이다. 어떤 사람이 어두운 곳에서 방향도 모른 채 연습만 열심히 한다고 훌륭한 달리기 선수가 될 수 있을까? 마찬가지로 어떤 사람이 눈을 감은 채 칼만 열심히 휘두른다고 훌륭한 검객이 될 수 있을까? 철학의 가르침은 말하자면 영혼의 눈과 같은 것으로서 앞을 훤히 비추면서 어떤 길로

41 플루타르코스의 『도덕집』 2A와 비교하라. "본성, 이성, 습관의 세 요소가 한데 어우러져야 올바른 행동이 나온다."

가야 옳고 그른지를 알려주는 것이다. 물론 오랜 시간 축적된 다양한 경험은 매우 유용하다. 그러나 경험도 철학의 교훈으로 무장한 지혜로운 사람에게만 쓸모가 있다. 오랜 경험을 통해 이해에 도달했지만, 그 과정에서 삶의 대가를 톡톡히 치른 사람들이 그동안 겪었을 고난과 역경에 대해 한 번 생각해 보아라. 당신 아들도 그러한 불행한 경험에 시달려야 한다고 생각하는가? 철학은 1년 안에 30년 동안의 다양한 경험을, 아니 그 이상을 가르쳐줄 수 있다. 더군다나 철학의 안내는 안전하다. 경험의 도정이 주로 지혜보다는 재앙으로 이어지는 것과 대조적이다. 고대인들이 세상사를 '시련'을 통해 깨치려는 사람을 가리켜 스스로 '재판'을 열고 스스로 '심판'을 내리는 사람으로 묘사한 것은 옳았다.[42] 아들이 훌륭한 의사가 되기를 바라는 아버지가 있다고 가정해 보자. 아버지는 아들이 어떻게 행동하기를 바라는가? 아들이 가용한 모든 의학 서적을 부지런히 공부하기를 바라는가, 아니면 시행착오를 겪으면서 몸에 해로운 독은 무엇이고 이로운 약은 무엇인지를 배우기를 바라는가? 만일 선장이 난파를 계속 경험하면서 나침반의 사용을 익혀야 한다면, 또 통치자가 거듭되는 전쟁, 반란,

---

42 여기서 에라스무스는 시련, 재판, 심판이라는 세 개의 유의어를 가지고 언어 게임을 한다.

대중봉기를 겪으면서 권위의 올바른 사용을 배워야 한다면, 지혜로 가는 길은 얼마나 불행한가! 불운의 일격을 받고나서야 지혜로워짐은 너무 비싼 대가를 지불하는 어리석은 자의 지혜이다. 필리포스[43]는 아들인 알렉산더가 아리스토텔레스를 교사로 삼아 철학을 공부하면서 아버지가 그동안 범했던 뼈아픈 실수들을 되풀이하지 않기를 바랐다. 필리포스처럼 지혜로운 사람도 이러했는지, 하물며 범부들이야 말해 무엇 하는가? 방법을 통해 우리는 재빨리 어떤 행동이 옳고 그른지를 판단한다. 뒤늦게 바른 방향을 제시하는 것이 아니어서 "이러한 행동은 당신에게 해롭군요. 다음부터는 조심하는 것이 좋겠어요"라는 식으로 말하지 않는다. 오히려 우리가 첫 발을 내딛기 전부터 "만일 이렇게 행동한다면 당신은 망하지도 불명예를 뒤집어쓰지도 않을 거예요"라고 목청을 높인다. 이들 세 요소는 서로 긴밀한 관계 속에서 완벽하게 조화를 이루어야 한다. 본성의 발현을 방법이 돕고, 방법의 완성을 실천이 안내해야 한다.

심지어 동물의 경우에도 종의 본성에 적합하고, 특히 살아가는 데 도움이 되는 것은 무엇이든지 쉽게 배운다. 잘 살고 싶으면 위해와 고통을 야기하는 것을 멀리해야 한다. 이러한 본능은 동

43 플루타르코스, 『영웅전』, 알렉산더 7.

물들뿐만 아니라 식물들에게도 있다. 예를 들면 나무들은 짭짤한 해풍과 북구의 칼바람 앞에서는 잎사귀와 가지들을 수축시키는 반면에 남구의 따뜻한 환경에서는 나뭇잎들을 무성하게 퍼뜨린다.

인간의 참된 본성은 무엇인가? 이성[44]에 따라 삶을 사는 것이 아닐까? 이것이 인간을 동물과 달리 이성적인 존재로 부르는 이유이다. 이러한 인간에게 가장 해로운 것은 무엇인가? 그것은 무지이다. 만일 부모들이 아이의 깨끗한 마음을 처음부터 지식으로 채우고자 했다면, 아이는 기꺼이 선을 배우고 어리석음을 배격했을 것이다. 물론 우리 주변에는 타고난 본성이 악에 가까워 선한 마음을 심어주기가 힘든 아이들도 종종 있다. 그러나 인간 본성에 대한 이러한 비하는 부당하다. 사악함은 주로 우리가 넣

44 세네카의 『도덕서한』 76.10을 참조하라. "인간의 특성은 무엇인가? 그것은 이성이다." 에라스무스는 고대 스토아철학의 인간본성론을 수용하여 이성을 인간의 고유하고 으뜸가는 특징으로 중시한다. 스토아철학은 15-16세기 인문주의 시대에 화려하게 부활했고, 17세기의 위대한 합리주의철학자들(특히 데카르트와 스피노자)에게도 영향을 끼쳤다. 스토아철학의 재발견에 대한 간략한 논의는 웬리의 『스토아주의와 그 영향』(뉴욕, 1963) 139이하를 참조하라. 잔따는 『16세기 스토아주의의 부흥』(파리, 1914, 89)에서 에라스무스를 "르네상스 이성의 대변자"로 너무 단정적으로 묘사한다. 그러다보니 에라스무스의 기독교 인문주의에 근간을 이루는 종교적이고 철학적인 측면은 도외시한다.

어준 것이다. 우리는 아이들을 선으로 데려가기에 앞서 그들의 마음을 악으로 타락시켜 버린다. 그러므로 이미 악에 물든 아이들을 선하게 키우기란 거의 불가능에 가깝다. 나쁜 습관을 가르치지 않는 것이 좋은 습관을 가르치는 것보다 먼저 해야만 하는 훨씬 어려운 일이기 때문이다.

일반적으로 부모들은 세 가지 실수를 한다. 우선 아이들 교육 자체를 등한시한다. 두 번째로 너무 늦어서야 아이들의 교육을 시작한다. 마지막으로 아이들의 교육을 형편없는 사람들에게 맡겨서 나중에 고쳐야만 하는 나쁜 것들을 남긴다. 첫 번째 부류의 부모들에 대해 나는 이미 논의를 했고, 그들이 부모라는 이름을 가질 자격이 없음을 밝혔다. 그들은 자식들을 내다버린 사람들과 다르지 않으므로 현존하는 '아동교육법'에 의거해 처벌을 받아 마땅하다. 두 번째 부류의 부모들은 도처에 산재해 있고, 지금까지 내가 주로 반박했던 사람들이다. 세 번째 부류의 부모들은 한편으로는 무식하고 다른 한편으로는 부주의해서 실수를 저지른다. 당신이 일면식도 없는 사람에게 말이나 별장의 관리를 맡긴대도 이상하고 창피한 노릇인데, 하물며 당신의 가장 소중한 자산인 아들을 생면부지의 남에게 맡긴다면 참으로 부끄러운 일이다. 어떤 때는 최고 전문가의 조언에 따라 열심히 배우고 부족한 지식을 채우는 당신이 아들의 교육만은 아무에게나 맡겨도 괜찮다고 생각하는가? 당신은 하인들의 업무 분장에는 신경을 곤

두세운다. 누구에게 농장을, 부엌을, 집 관리를 맡길 것인지를 곰곰이 따져본다. 그러나 오직 한 사람만은 할 줄 아는 일이 하나도 없어도, 게으르고 무지해도 상관없다고 생각한다. 바로 당신 아들을 교육하는 사람이다. 진실로 장인의 솜씨를 요하는 일에 당신은 하인들 중에서도 가장 별 볼일 없는 자를 임명한다. 이보다 정신 나간 짓이 있을까?

어떤 부모들은 돈을 아끼겠다고 유능한 가정교사를 고용하는 일을 꺼린다. 이들은 아들의 가정교사보다는 말을 돌보는 사람에게 기꺼이 돈을 더 지불하려고 한다. 그와 동시에 사치스러운 주연에 빠지고 허구한 날 노름으로 가산을 탕진하며 사냥 모임과 오락에 돈을 물 쓰듯 한다. 오로지 자식교육에만 극도로 인색하게 군다. 교육에 들어가는 돈이야말로 다른 비용을 줄이는 정당한 이유일 수 있는데 말이다. 나는 아들의 교육보다 오입질에 돈을 많이 쓰는 아버지들이 줄어들기를 바란다. 한 풍자가[45]의 말처럼 아버지는 아들에게 돈을 가장 적게 쓴다. 다음은 크라테스[46]의 일기장에서 발췌한 내용이다. "요리사에게 10므나, 주치의

45 유베날리스, 7.187–188. "아버지가 아들에게보다 돈을 적게 쓰는 경우는 없다."

46 앞의 주, 12. 디오게네스 라에르티오스, 6.86. 디오게네스 라에르티오스가 "인구에 회자되는 것"으로 기술한 크라테스의 일기는 철학적이고

에게 1드라크마, 아첨꾼에게 5달란트, 좋은 충고를 해주는 사람에게 고맙다는 말, 매춘부에게 1달란트, 마지막으로 집에 기거하는 철학자에게 3페니를 준다." 이 엉뚱한 기술에는 한 가지 항목이 빠졌는데, 바로 아들의 선생에게는 1페니를 준다는 것이다. 물론 그는 철학자에 해당할 수도 있다. 어느 날 지갑만 두둑했지 머리는 비어있는 사내가 철학자 아리스티포스[47]에게 다가가서 얼마를 주면 자기 아들을 교육시켜 주겠느냐고 물었다. 아리스티포스가 대번에 500드라크마를 요구하자, 이 사람은 소스라치게 놀라면서 '500드라크마는 무척 큰돈입니다. 그만한 돈이면 쓸 만한 노예도 한 명 살 수 있죠'라고 말했다. 그러자 아리스티포스는 "옳은 말입니다. 그러나 당신은 그 돈으로 한 명이 아닌 두 명의 충복을 거느릴 수 있죠. 자신의 의무를 다하는 아들과 그런 아들을 가르치는 철학자를 말이에요"라고 재치 있게 대답했다. 마찬가지로 사람이 티끌만큼의 지각이라도 있다면 하나 뿐인 아들의 목숨을 담보로 말 백 필을 가져가겠냐는 질문에 "절대로 그럴 순 없다"라고 대답할 것이다. 그렇다면, 왜 당신은 아들보다 말을 애지중지하며 동물의 돌봄에 그리도 씀씀이가 헙헙한가? 왜 당신

풍자적인 성격이 강하다. 개인적인 일기나 잡기 형식의 대중적인 글이다.

47 디오게네스 라에르티오스, 2.72.

은 아들의 교육은 도외시한 채 일신의 쾌락에만 돈을 허비하는가? 모든 일에서 절약은 좋은 것이나, 교육에서만큼은 그렇지 않다. 이 경우에는 돈을 아끼는 것이 검약이 아닌 정신 나간 짓이다.

부모들 중에는 아이들의 가정교사를 선정하면서 자기들의 판단력을 사용하려 하지만 끝내 지인들의 권유를 뿌리치지 못하는 사람들이 있다. 그리하여 친구의 추천을 받았다는 이유만으로 유능한 교사는 제쳐두고 자질이 좀 떨어지는 사람을 선택하는 경우가 발생한다. 왜 당신은 그런 바보 같은 짓을 하는가? 바다를 항해할 때 당신은 다른 사람들의 의견에 흔들리지 않고 최고의 키잡이에게 배를 맡기지 않는가? 그런 당신이 왜 아들의 인생 항해(그 자신뿐만 아니라 부모와 가문과 사회의 복락과도 밀접히 관련된)를 준비하면서는 전혀 판단을 하지 않는가? 당신은 병든 말을 치료하는 수의사를 시술 능력은 고려하지 않고 친구의 추천만으로 선발하는가? 당신에게 아들은 말보다도 못한 존재란 말인가? 아니면 당신 자신이 말보다 못하단 말인가? 무릇 범부가 이런 식으로 행동해도 부끄러운 일인데, 하물며 사회의 높은 양반들이 그러함은 명예롭지 못한 것이다. 사치스러운 주연을 열어 재산을 탕진하고 도박장에서 돈을 물 쓰듯 하는 사람들이 오직 아이들의 교육에 대해서만은 단돈 몇 푼이 아까운 것이다.

임의대로 소유할 수도 없고 남에게 양도할 수도 없는 타고난 능력이라는 것이 있다. 그러나 이와 관련해서도 지혜로운 부모들은 얼마간의 영향력을 행사할 수 있다. 우선, 장차 아버지 될 사람은 좋은 집안 출신으로 교육을 잘 받고 건강한 여자를 아내로 맞이해야 한다.[48] 몸과 영혼은 서로 너무나도 밀접하게 관련되어 있어서 하나가 다른 하나에 좋게도 나쁘게도 영향을 미친다. 더욱이 남편은 만취하거나 감정적으로 흥분한 상태에서 아내와 잠자리를 가져서는 안 된다. 그러한 어지러운 상태가 신비로운 감염의 과정을 거쳐 자궁 속 태아에게 전달되기 때문이다. 그래서 일찍이 한 성인[49]은 술에 취해 몸을 가누지 못하는 젊은이에게 "자네 부친께서는 만취 상태에서 자네를 임신시킨 것이 분명하네"라고 말했다. 나는 또한 부모라는 사람들이 적어도 임신 기간에는 좋은 생각만을 하고 티끌만큼의 죄의식도 가져서는 안 된다고 생각한다. 이러한 마음 상태야말로 최고의 기쁨과 평안이다. 바로 이때부터 부모들은 아이의 교육에 대해 진지하게 생각해야 한다. 아이가 아홉 살이 되거나, 흔히 말하듯 열여섯 살이 되기까지 기다려서는 안 된다.

아이는 어머니의 젖을 먹고 크는 것이 가장 좋다. 그러나 이러한 일이 가능하지 않을 때는 건강한 유모의 질 좋은 젖을 먹어

48 플루타르코스의 『아동교육론』 도입부에도 동일한 주장이 나온다. 플루타르코스, 『도덕집』, 1A–D.

49 디오게네스. 에라스무스의 자료는 플루타르코스의 『도덕집』 2A이다.

야 한다. 유모는 싸움, 술, 결례를 모르는 도덕적인 사람이어야 한다. 왜냐하면 어린 시절 아이에게 가해진 신체적 또는 정신적 해악은 나중에 어른이 되어서도 계속 영향을 미치기 때문이다. 이러한 이유에서 아이가 누구의 젖을 먹고, 누구와 함께 노느냐가 차이를 만든다고 말할 수 있다. 마지막으로 아이를 주의 깊게 선정한 교사(모든 면에서 훌륭하고 경험이 풍부한)에게 맡겨야 한다. 아이의 가정교사를 고를 때는 신중을 기하고, 한 번 선택하면 영구적이어야 한다. "교사의 잦은 교체"를 이미 호메로스[50]가 나무랐고, "카리아[51]는 지도자가 너무 많아서 멸망했다"는 고대 그리스인들의 속담도 있다. 의사를 자주 바꾸면 환자에게 좋지 않은 것처럼, 교사를 자주 바꾸는 것도 아이에게 좋지 않다. 이것은 천을 짜고 풀기를 끊임없이 반복했던 페넬로페[52]의 행동을 떠오르게 한다. 실제로 나는 부모들의 경솔한 행동으로 열두 살도 되기 전에 이미 열 네 명의 교사를 경험했던 아이들을 알고 있다.

가정교사 선정이 일단락 지어졌다고 책임을 다한 것이 아니다. 부모들은 학생과 교사를 계속 엄중히 감시해야 한다. 그들은 딸을 결혼식장에 데리고 들어가는 방식으로 부모로서의 의무를

---

50 호메로스, 『일리아드』, 2.204.

51 에라스무스, 『격언집』, II vii 7.

52 에라스무스, 『격언집』, I iv 62.

마칠 수 없다. 그보다 아버지는 교실을 자주 방문하여 얼마나 진전이 있는지를 수시로 확인해야 한다. 고대인들의 지혜로운 경구대로 "주의 깊은 응시는 배반을 하지 않고, 말을 빨리 달리게 하려면 조련사의 날카로운 눈과 현장에서 들리는 주인의 발자국 소리가 필요하다."[53] 지금 내 충고는 어린 아이들에게만 해당한다. 나이가 많은 아이들의 경우에는 이따금씩 눈에 띄지 말아야 한다. 그러한 일탈은 이식과 맞먹는 것으로서 아이들의 마음에 활기를 불어넣는 최고의 방법이다. 에밀리우스 파울루스[54]의 뛰어난 자질들 중 하나는 바쁜 정무에도 불구하고 틈틈이 자식들의 수업을 참관하는 습관이 있었다는 것이다. 소 플리니우스[55]도 친구의 아들을 데리고 있으면서 그 아이가 교육을 받고 있던 학교를 몸소 찾아가곤 했다.

내가 아직 다루지 않은 인간 본성의 문제가 있다. 모든 생명체는 종에 공통인 본성을 지닌다. 예컨대 인간의 본성은 이성의 명령에 따라 삶을 사는 것이다. 그러나 개인별로 고유한 본성도 있다. 한 아이는 수학이, 어떤 아이는 신학이, 다른 아이는 시와 수사학이, 또 다른 아이는 군대 생활이 적성에 맞을 수 있다. 개

53 에라스무스, 『격언집』, I ii 19.

54 플루타르코스, 『영웅전』, 파울루스 에밀리우스 6.

55 소 플리니우스, 『서간집』, 2.18.

인마다 저버릴 수 없는 타고난 본성이라는 것이 있다. 이와 대조적으로 아이는 특정 교과목이 너무나도 싫어서 그러한 공부를 하느니 차라리 불구덩이에 뛰어들겠다고 말하기도 한다. 일찍이 나는 고전어 지식이 뛰어나고 자유학예에도 정통했던 어린 아이[56]를 알았다. 그의 보호자인 대주교는 이만큼의 학식이면 법학 강의를 들어도 되겠다고 생각했지만, 정작 이 아이는 그럴 마음이 없었다. 우리는 한 방을 썼는데, 그는 내게 자신의 불행을 토로했다. 이런 그에게 나는 처음에는 어려워도 점차 쉬워지기 마련이니까 보호자의 바람대로 법률 공부에 어느 정도 시간을 할애하라고 충고했다. 그러자 이 아이는 반신반인의 법학 교수들이 근엄한 자태로 학생들에게 전달하는 총체적인 무지의 예를 들어보였다. 나는 그러한 것들은 개의치 말고, 강의에서 쓸모 있는 것만을 주워들으라고 말했다. 내가 계속 설득하려고 하자 그는 마침내 "나는 이런 공부를 할 때마다 심장 한 복판에 비수가 꽂히는 것을 느껴요"라고 외쳤다. 인간의 본성이 이러한 것이라면, 나는 미네르바[57]의 의지에 반해 어떤 것도 강제해서는 안 된다고 생각한

56 안드레아 암모니오를 말한다. 에라스무스의 영국 내 이탈리아 친구이다. 그러나 "그의 보호자인 대주교"와 그의 법률 공부에 대한 언급은 문제의 이탈리아 친구가 "어린 아이"인지에 대해서 의심을 일으킨다.

57 에라스무스, 『격언집』, I i 60.

다. 속담에도 나와 있듯이 황소[58]를 데려다 씨름을 시킬 수도 없는 것이고, 당나귀[59]로 하여금 피리를 불게 할 수도 없는 것이다.

어린 아이들의 이러한 성향은 심지어 유년기에도 알아볼 수 있다. 어떤 부모들은 점성술[60]을 써서 예측하려고 하지만, 이것의 실효성을 나는 개인의 자유로운 판단에 맡기고 싶다. 이러한 특별한 징후를 감지할 수 있다면 대단히 이로울 것이다. 우리는 자연이 인간을 위해 계획한 일을 가장 쉽게 해내기 때문이다. 나는 사람의 성격을 얼굴 모양이나 표정 그리고 겉모습을 통해 규정하는 일이 한가한 추측에 불과하다고 생각하지 않는다. 위대한 철인 아리스토텔레스[61]도 관상술을 연구하여 학술적으로 뛰어난 글을 남겼다. 바다가 고요하고 바람과 조류가 우호적일 때 배를 띄워야 하듯이 우리도 개인적인 성향에 맞는 학과목을 공부해야 한다. 베르길리우스[62]는 쟁기질에 적합한 황소와 젖이 풍부한 암소를 구별하는 방법에 대해 "좋은 암소는 몸에서 광이 난다"라고 말한

58 에라스무스, 『격언집』, I iv 62.

59 에라스무스, 『격언집』, I i 35.

60 앞의 주, 8.

61 관상술은 아리스토텔레스에서 연유하지 않는다. 관상학은 동물을 물론 인간의 성격과 외모 사이의 관련성을 연구한다. 이미 이집트인들이 생활화하고 그리스인들이 발전시켜 근대에도 한동안 적법한 과학으로 여겨졌다.

62 베르길리우스, 『농경가』, 3.51–52.

다. 베르길리우스[63]는 또한 올림픽 경기에 출전시킬 좋은 망아지를 고르는 방법에 대해 "혈통 좋은 망아지는 땅에 내려놓자마자 걸음마를 시작한다"라고 말한다. 사람의 기본 성격을 알려주는 특징들이 자연의 산물이 아니라고 생각하면 오산이며, 자연의 명백한 징후들을 무시하는 것은 도덕적인 잘못이다.

그럼에도, 나는 인간의 본성이 가르침과 연습을 거치면 어떤 형태의 학습도 쾌히 받아들일 수 있다고 생각한다. 우리는 코끼리에게 외줄 타기를, 곰에게 춤을, 그리고 당나귀에게 마술을 가르칠 수 있다. 마찬가지로 우리가 인간에게 가르치지 못할 것이 무엇이란 말인가? 인간은 타고난 소질과 적성을 완전히 새로 뜯어고칠 수는 없어도 자연이 우리에게 부여한 것을 어느 정도는 강화시킬 수 있다.

방법과 실천에 대해 말할 것 같으면 이것들은 전적으로 우리의 통제를 받는다. 우리가 매일 목격하는 바이지만, 공학적 기술과 기계를 사용하면 무거워서 꿈쩍도 안하는 물체들도 거뜬히 들어 올릴 수 있다. 이것은 방법의 힘을 말해준다. 실천 또한 없어서는 안 된다. 옛 성인[64]의 유명한 말처럼 모든 진보는 돌봄과 숙고

---

63 베르길리우스, 『농경가』, 3.75-76. "순종의 망아지는 바로 성큼성큼 걷고 우아하게 발을 딛고 선다."

64 페리안드로스를 말한다. 디오게네스 라에르티오스, 1.7.99.

로부터 나온다. 물론 방법은 학습할 수 있는 능력을, 그리고 실천은 일을 하려는 마음가짐을 전제로 한다. 어떤 사람들은 수고 찬 노력을 아이의 본성에 반하는 것으로 간주한다. 아직 자신의 본성도 제대로 모르는 아이에게서 학습을 위한 능력을 기대하는 것은 어불성설이라는 주장이다. 이에 대한 내 반론은 간단하다. 아이들이 어렸을 때 이미 좋은 행동거지에 대해서는 가르치면서 왜 그들에게 글자를 가르쳐서는 안 되는가? 덕성의 계발과 마찬가지로 지식의 습득에도 기본적인 원칙이 있다. 그리고 교육의 과정도 아동기, 청소년기, 성년기를 단계별로 거치면서 진행된다.

부연하면, 아무리 혈통 좋은 망아지라도 태어나자마자 고삐를 달고 기병대 말이 되는 것은 아니다. 그보다 조심스러운 훈련의 과정을 거치면서 전투를 대비한다. 쟁기질하는 황소도 당장 멍에를 메고 몽둥이에 휘둘려 앞으로 나가는 것은 아니다. 그보다 베르길리우스[65]의 멋진 묘사대로 "처음에는 목 주변에 가벼운 쟁기를 들리고, 그러한 구속이 차츰 익숙해짐에 따라 두 녀석에게 같은 굴레를 씌우고, 앞으로 한 걸음씩 나가는 훈련을 한다. 이제 빈 수레를 시간을 두고 반복적으로 끌면서 지면에 가벼운 흔적을 남긴다. 그러고는 마지막으로 모든 장비를 갖추고 본격적

65 베르길리우스, 『농경가』, 3.166-173. 에라스무스가 의역한 것이다.

으로 쟁기질을 시작한다." 농부들은 가축의 나이를 고려하고 힘에 비례해 일감을 조절한다. 우리도 이러한 방식으로 아이들을 주의 깊게 교육해야 한다. 어린 아이는 키케로의 『의무론』, 아리스토텔레스의 『윤리학』, 세네카나 플루타르코스의 도덕적 논고들, 또 성 바울의 서한문을 읽을 준비가 되어 있지 않다. 그렇지만 아이가 저녁 식사 자리에서 버릇없게 굴면 혼내고 앞으로는 예의 바르게 행동하라고 타이른다. 아이를 교회에 데리고 갔을 때는 무릎을 꿇고 손을 가지런히 모으며 머리에 쓴 모자를 벗으라고, 간단히 말해 경의에 찬 모습을 보이라고 공공연히 말한다. 그리고 미사가 진행 중일 때는 아이에게 조용히 앉아서 성단을 올려다보라고 훈계한다. 이처럼 아이들은 심지어 말을 할 수 있기 전부터 도덕적으로 선한 행동과 종교적으로 경건한 태도를 배우기 시작한다. 이러한 가르침은 아이들에게 성년기까지 없어지지 않고 남아서 참된 영성의 성장에 적지 않은 기여를 한다. 아이는 처음에는 부모와 이방인을 구분하지 못한다. 그러나 얼마 지나지 않아 어머니와 아버지를 알아보고, 점차 부모를 존경하고 따르고 사랑하는 법을 배운다. 부모는 아이에게 타인(나에게 못된 짓을 한 사람이라도)을 사랑하고 노여움과 복수심에 사로잡히지 말 것을 가르친다. 그밖에 아이는 쓸데없이 잡담을 늘어놓지 말고 어른들과 함께 있을 때는 자리에서 일어나며 십자고상 앞에서는 모자를 벗을 것을 배운다.

도덕적 선에 대한 이러한 최초의 징후들은 그 본질이 무엇이든지 간에 아이의 도덕적 진보에 대단히 유익하다. 플라톤[66]은 어느 날 주사위 놀이를 하고 있는 젊은이를 나무랐다. 이 젊은이가 사소한 잘못으로 너무 심한 꾸지람을 들었다고 불평하자 플라톤은 "주사위 놀이 자체는 가벼운 죄에 불과할지도 모르네. 하지만 그것이 습관이 되어 나중에 도박을 일삼으면 중대한 범죄가 되지 않겠는가"라고 말했다. 그러므로 작은 비행도 습관적으로 반복하다보면 커다란 죄에 이르고, 작은 선행도 습관적으로 반복하다보면 커다란 덕에 이른다. 아이는 어릴수록 선한 것을 쉽게 받아들인다. 자연이 부여한 가소성(어느 방향으로도 휘어질 수 있는)이 높고, 아직 나쁜 습관에 물들지 않은데다, 주변에서 일어나는 일을 따라하려는 성향이 강하기 때문이다. 일반적으로 아이들은 잘못된 행동을 그것이 무엇인지도 모르면서 배운다. 마찬가지로 그들은 착한 행동도 부지불식간에 배울 수 있다. 그러면 유년기는 선량함을 습득하는 가장 좋은 시기이다. 어리고 수용적인 마음에 각인된 특정 행동 유형은 없어지지 않고 계속 남아 있을 것이기 때문이다. 호라티우스[67]의 말대로 "본성은 쇠스랑으로 끄집어 내다

66 디오게네스 라에르티오스, 3.38.

67 호라티우스, 『서간집』, 1.10.24.

버려도 다시 제자리로 돌아오기 마련이다." 그 시인은 물론 옳았다. 그가 성장을 마친 나무들을 지칭하고 있었지만 말이다. 용의주도한 농부라면 처음부터 완전히 자란 나무를 염두에 두면서 씨앗을 뿌린다. 우리가 태어나자마자 받아들인 것은 우리의 일부가 된다. 점토가 너무 촉촉하면 인상이 남지 않을 수 있고, 밀랍이 너무 말랑말랑하면 주조가 힘들다. 그러나 인간은 아무리 어려도 배울 수 있다.

세네카[68]는 배움에 늦음이란 없다고 말한다. 나는 이 말이 사실인지 모르겠다. 그러나 나이가 들수록 배움이 더뎌지는 것만은 확실하다. 반면에 배움, 특히 인간의 고유한 능력을 배우는 데 너무 이른 시간대는 없다. 내가 앞서 지적했듯이, 아이들에게는 주변에서 듣고 보는 것은 무엇이든지 따라하고 싶은 자연적인 욕구가 있다. 아이들은 원숭이마냥 모방에 열심이고, 성공적으로 흉내를 냈다고 생각하면 무척이나 기뻐한다. 우리는 아이들의 모방능력을 통해 그들의 재능과 소질을 처음으로 가늠해 볼 수 있다. 아이는 태어나자마자 올바른 행동에 대해 배울 수 있다. 마찬가지로 아이는 입을 떼기 시작하면 곧 글자를 배울 수 있다. 아이는 자기에게 필요한 것은 지체 없이 배울 것이다. 학습의 이점은 확

68 세네카, 『도덕서간』, 76.3. 에라스무스가 의역한 것이다.

실히 셀 수 없이 많다. 그러나 도덕적 행위에 이바지하지 못하는 학습은 이롭기보다는 해로울 것이다.

학식 있는 사람이라면 당연히 아이들을 일곱 살이 될 때까지 공부를 시켜서는 안 된다는 주장을 받아들이지 않았다. 헤시오도스가 이러한 견해의 원조 격으로 여겨지고 있으나, 문법학자 아리스토파네스[69]는 이러한 의견이 수록된 『교훈집』이 헤시오도스의 작품이 아니라고 말한다. 문제의 이 저자는 꽤나 유명한 인물이었음이 틀림없다. 심지어 학자들조차 헤시오도스가 저술했다고 착각할 정도로 훌륭한 작품을 남겼기 때문이다. 설령 이 작품이 헤시오도스의 것이 아니라 하더라도, 우리는 헤시오도스의 권위 운운하며 다른 범부가 제안한 더 좋은 충고를 따르지 않아서는 안 된다. 사실 이러한 견해에 동조하는 사람들조차 아이들이 배움과 전적으로 담을 쌓아야 한다고 생각하는 것은 아니다. 그들은 단지 아이들을 끝없는 암기, 반복, 구술〔시험〕의 지겨운 노역으로부터 해방시켜주고 싶을 뿐이다. 외부로부터의 적절한 격려 없이 스스로 이러한 천편일률적인 학습에 열심인 유순하고,

69 비잔티움의 아리스토파네스(c.257-180BC). 고대의 가장 뛰어난 문법학자, 언어학자 중 한 명이다. 헤시오도스가 해당 『교훈집』의 저자가 아니라고 주장했다.

말 잘 듣는 아이는 거의 없다. 크리시포스[70]에 따르면, 아이는 태어나서 처음 3년 동안 유모의 품속에 있어야 한다. 그렇다고 이 기간 동안 아이가 올바르게 말하고 행동하는 법을 배우지 않아도 되는 것은 아니다. 오히려 유모나 부모들은 가능한 한 부드러운 방식으로 아이에게 도덕적이고 지적인 교육의 토대를 마련해 주어야 한다. 확실히 부모들이나 유모들의 행동은 아이들에게 지대한 영향을 미친다.

교육의 첫 번째 과제는 아이들에게 분명하고 정확하게 말하는 법을 가르치는 것이다. 고대에는 유모들과 부모들이 이 시기에 커다란 조력자들이었다. 이러한 첫 단계는 대단히 중요한데, 아이의 유창한 말솜씨뿐만 아니라 지적인 사리판단과 지식의 습득에도 도움이 되기 때문이다. 언어에 대한 소홀함은 학문(심지어 신학, 의학, 법학까지)의 쇠퇴와 파괴를 초래했다. 그라쿠스 형제들[71]은 뛰어난 언변술로 칭찬이 자자했다. 키케로[72]에 따르면 그들의 이러한 능력은 어머니인 코르넬리아에 기인하는 것이었다. 키케로의

---

70 앞의 주, [도입] 1. 에라스무스의 자료는 퀸틸리아누스 1.1.16이다.

71 티베리우스 그라쿠스(d.133BC)와 가이우스 그라쿠스(d.122BC). 토지개혁을 주장한 정치가들로 유명하다. 그라쿠스 형제들은 보수적인 원로원 세력에 의해 무참히 살해되었다.

72 키케로, 『브루투스』, 211.

말대로 "그들〔그라쿠스 형제들〕은 어머니의 젖을 먹고 컸다기보다는 입술을 보고 자랐다." 이들 형제는 어머니의 무릎 위에서 첫 수업을 받았던 셈이다. 그밖에 가이우스 라엘리우스[73]의 딸이었던 라엘리아의 화술은 그녀 아버지의 능변을 떠올리게 했다. 당연한 말이겠지만 그녀는 어려서부터 아버지의 팔에 안겨 그의 빼어난 연설을 몸소 체득했다. 라엘리아의 두 사촌인 무키아와 리키니아[74](가이우스의 질녀들이었던) 또한 좋은 예에 해당한다. 또 다른 리키니아[75](루키우스 크라수스의 딸이자 스키피오 가문의 부인들 중 하나였던) 역시 그녀의 세련된 연설로 커다란 칭찬을 받았다. 나는 더 많은 이름들을 열거할 수 있다. 웅변을 잘함은 종종 가문의 전통이었고 그 맥을 서너 세대까지 이어가기도 했다. 예컨대 퀸투스 호르텐시우스의 딸[76]은 아버지의 웅변 솜씨를 물려받아 그녀가

---

73 로마의 정치가이자 웅변가. 140BC에 집정관을 지냈다.

74 에라스무스의 자료는 키케로의 『브루투스』 211이다. 그러나 에라스무스의 기억은 정확하지 않다. 키케로에 따르면, 가이우스 라엘리우스의 딸인 라엘리아에게는 무키아라는 이름의 딸이 두 명 있었다. 그 중 한 명이 리키니우스 크라수스와 결혼해 리키니아의 어머니가 되었다.

75 앞의 주에서 언급한 리키니아를 말한다. 루키우스 리키니우스 크라수스는 로마의 정치가이자 웅변가였다. 95BC에 집정관을 지냈다. 키케로의 『웅변가론』에서 주요 화자로 나온다.

76 호르텐시우스(c.114-50BC)는 아시아식 미사 문체의 옹호자로서 키케로와 경쟁관계에 있던 뛰어난 대중 연설가였다. 호르텐시우스 딸의 웅변술과 삼두정 지도자들 앞에서의 연설은 퀸틸리아누스 1.1.6을 참조하라.

삼두정 지도자들 앞에서 행했던 연설 중 하나는 고대에 그대로 전해졌다. 퀸틸리아누스는 그 이유를 성별의 문제가 아닌 연설의 뛰어남 때문이라고 설명했다. 유모들과 교사들과 친구들은 하나같이 올바른 언어 발달에 지대한 영향을 미친다. 아이들의 외국어 습득 능력은 실로 대단하다. 예를 들면 한 독일인 소년은 일상적인 생활을 영위하면서도 프랑스어를 단지 몇 개월 안에 아주 자연스럽게 배울 수 있었다. 사실 아이가 어릴수록 성공할 가능성도 항상 높다. 우리가 프랑스어[77]처럼 야만적이고 불규칙적인 언어(철자와 발음이 일치하지 않고, 인간의 언어라고 하기에는 너무나도 거친 소리와 억양을 지닌)도 그렇게 쉽게 배울 수 있다면, 그리스어와 라틴어를 배우기는 얼마나 수월하겠는가? 미트리다테스 왕[78]은 스물 두 개의 언어를 구사할 수 있어서 자신의 통치를 받는 언어가 서로 다른 백성들을 통역의 도움 없이 공평하게 다스릴 수 있었

77 에라스무스는 『발음에 대하여』(CWE, 26 405, 409 이하, 436 이하)에서 프랑스어에 대한 유사한 비평을 늘어놓는다. 그는 프랑스어의 결점으로 철자와 발음의 불일치, 불규칙적인 억양, 비음과 같은 거친 음조를 꼽는다.

78 미트리다테스 4세. 소아시아 폰토스의 왕. 기원전 1세기 처음 50년 동안 로마가 가장 경계하던 담략한 상대. 결국은 폼페이우스에게 패하여 68세로 생을 마쳤다. 미트리다테스의 외국어 구사 능력은 퀸틸리아누스 11.2.50과 에라스무스의 『편지쓰기에 대하여』(CWE, 25 32)를 참조하라.

다. 테미스토클레스[79]는 페르시아 왕과의 용이한 의사소통을 위해 페르시아어를 1년 안에 배웠다. 어른들의 성과가 이 정도라면, 아이들에 대해서는 말해 무엇 하겠는가?

언어 학습은 주로 두 개의 정신 능력에 의존한다. 기억하는 능력과 모방하는 능력이다. 앞에서 이미 아이들에게는 따라하고 싶은 자연적인 욕구가 있다고 말했다. 학자들은 어린 아이들의 기억력이 또한 매우 뛰어나다는 사실을 지적한다. 설령 이런 학자들에게 믿음이 가지 않아도, 우리는 경험을 통해 그들의 말이 틀리지 않았음을 안다. 아동기의 시각적 인상은 우리의 마음에 너무나도 확고한 자국을 남겨서 마치 어제 받아들인 것처럼 생생하다. 한편 우리가 어른이 되어서 읽은 것은 이틀만 지나도 벌써 낯설게 느껴진다. 더욱이 우리는 새로운 언어를 성공적으로 배운 어른들을 주변에서 거의 찾아볼 수 없다. 설령 몇몇이 성공한다 하더라도 원어민 수준의 억양과 발음을 구사하는 사람은 거의 없는데, 이를 두고 일반적인 경우라고 말할 수는 없다. 예를 들어 노카토[80]는 노년에 이르러서야 모국어로 문학 작품들을 읽었고, 나

79 페르시아 전쟁에서 아테네를 이끌던 정치가(c.528–462BC). 페르시아와 내통한 혐의로 아테네에서 사형 선고를 받고 페르시아 궁전으로 도망쳤다. 플루타르코스, 『영웅전』, 테미스토클레스 29.

80 키케로, 『노년에 대하여』, 8. 이 작품에는 카토가 주요 화자로 등장한다.

이 일흔이 되어서야 그리스어를 공부하기 시작했다. 그러나 이것이 우리 아이들의 그리스어와 라틴어 학습을 그들이 최소한 열여섯 살이 될 때까지 미루는 정당한 이유는 아니다. 어쨌든 소 카토[81](그의 증조부보다 한층 위대한 학자이자 웅변가였던)는 여전히 매우 어린 소년이었을 때 사르페돈의 문하로 들어갔다.

이러한 이유에서 우리는 유년기 동안 아이들에게 특별히 주의를 기울여야 한다. 왜냐하면 이 시기에 아이들은 이성보다는 본능에 따라 행동하고, 그래서 그들은 선에도 악에도 똑같이 끌리기 때문이다. 아무래도 아이들은 선보다는 악의 유혹에 빠지기 쉽다. 그리고 항상 나쁜 습관을 버리기보다는 좋은 습관을 잊어버린다. 이교도 철학자들은 이러한 사실을 깨닫고는 매우 당혹스러워했지만, 그 참된 원인을 밝히지는 못했다. 이 일은 기독교 신학의 몫으로 남겨졌고, 인류 최초의 조상인 아담 이래 인간의 마음속에는 악의 맹아가 감추어져 있었다는 가르침으로 구현됐다. 비록 이것이 인류의 피할 수 없는 운명이라 하더라도, 우리는 이러한 악의 상당 부분이 특히 유년기(어리고 외부의 영향에 민감한)의 타락한 인간관계와 잘못된 교육의 산물임을 부정할 수 없다. 알

---

81 플루타르코스, 『영웅전』, 카토 1.

렉산더 대왕의 성격적 결함은 가정교사였던 레오니다스[82]에서 비롯되었다는 이야기가 있다. 그는 이러한 단점을 나중에 제국의 최고 통치자가 되고서도 떨쳐 버리지 못했다. 플루타르코스에 따르면, 로마인들은 옛 풍습을 간직한 동안에 이방인을 고용해 아이들의 교육을 맡기지 않고 그 책임을 부모들 또는 다른 혈연관계인 조부나 숙부들에게 돌렸다. 그들은 가문의 명예가 구성원들의 높은 수준의 학식과 교양에 달려 있다고 믿었다. 이와 대조적으로 오늘날 대부분의 귀족들은 겉만 번지르르한 계보[83]나 춤, 사냥, 도박과 같은 여흥에서만 단지 특출나다. 역사가들에 따르면, 해방노예였던 스푸리우스 카르빌리우스[84]가 로마에서 처음으로 학교를 열었다. 반면에 그의 후견인은 로마에서 최초로 이혼한 사람이었다.

예전에는 가족 구성원의 도덕적이고 지적인 양육이 부모들의 가장 중요한 책임이었다. 그러나 요즘에는 부모들의 유일한 관심거리가 아들에게 돈 많은 부인을 골라주는 것이다. 이러한 임무를 완수한 뒤 그들은 자신들의 의무가 끝났다고 생각한다. 부모

82 플루타르코스, 『영웅전』, 알렉산더 5. 퀸틸리아누스, 1.1.9.

83 유베날리스 8.1 이하와 비교하라. 에라스무스의 풍자는 귀족들의 혈통적 으스댐에 대한 유베날리스의 빈정거림을 생각나게 한다.

84 에라스무스의 자료는 플루타르코스의 『도덕집』 278E이다.

들이 이기심에 빠져 집안의 하인들을 가정교사로 임명하고, 그렇게 자유민의 아이들을 노예들에게 맡기기 시작하면서 인간의 문명도 다시 나쁜 쪽으로 방향을 틀었다. 그러나 하인들 중에서도 괜찮은 사람들을 선발한다면 위험은 줄어들 것이다. 가정교사는 부모들의 감시를 피할 수 없을 뿐만 아니라, 잘못된 행동에 대해서는 응분의 대가를 치러야하기 때문이다. 과거의 지혜로운 부모들은 또한 잘 교육받은 노예들을 집안으로 들이거나, 자기 노예들을 적절히 훈련시켜서 아이들의 교육을 맡겼다. 물론 부모들이 학식이 뛰어나고 교육을 많이 받아서 스스로 자신의 아이들을 교육할 수 있으면 더할 나위 없이 좋을 것이다. 마치 주교가 가능한 한 많은 사람들의 마음속에 종교적인 영감을 불러일으키기 위하여 스스로 영적인 삶을 사는 것처럼, 이러한 방침은 부모들과 아이들 모두에게 이로울 것이다.

당신은 세상 모든 부모들이 그렇게 시간이 남아돌지 않고, 자녀교육은 힘든 일이라고 이의를 제기할 것이다. 그러나 우리가 도박, 음주, 연회, 광대놀이에 허비하고 있는 시간을 헤아려보아라. 우리는 다른 어떤 것보다도 먼저 해야만 하는 일을 하면서 시간이 없다고 둘러댐에 부끄러워해야 한다. 만일 시간을 주의 깊고 지각 있게 사용한다면, 우리에게는 모든 책무를 수행할 시간이 충분할 것이다. 하루가 짧은 것은 시간을 낭비했기 때문이다. 우리가 친구들의 사소한 흥밋거리에 맞장구치면서 낭비한 시간을 생각해 보아라. 우리는 모든 사람을 만족시킬 수 없기에 우리 아이들의 복락에 가장 관심을 기울여야 한다. 우리는 아이들에게 부유하고 잘 정리된 유산을 물려주기 위해 어떤 불편도 감수하지 않는가? 그런데 왜 우리는 그들에게 이보다 고귀한 재산은 주려 하지 않는가? 자식에 대한 사랑은 차치하고도, 아이들이 하루하루 달라지는 모습을 보면 우리의 노고는 물거품처럼 사라지고 어느새 입가에 미소가 떠오르지 않는가? 만일 그렇지 않다면, 왜 어머니들은 그리도 오랜 임신과 수유의 시간을 참고 견딘단 말인가? 아들의 양육을 짐으로 여기는 아버지는 아들을 단지 겉으로만 사랑하는 것이다.

사람들은 또한 교육의 조건이 고대인들에게 상대적으로 유리했다고 주장한다. 고대에는 교육을 잘 받은 상류층이나 무지한 대중들이나 동일한 언어를 사용했다. 이들 간에 차이가 있다면 한 쪽은 분명하고 유창한 것에 더하여 정확하고 세련되게 말을 했고, 다른 한 쪽은 그렇게 하지 못했다는 것이다. 나는 이러한 주장에 동의하며, 그와 똑같은 상황이 오늘날 재현된다면 우리 사회의 지적인 진보는 엄청날 것이라고 생각한다. 그러나 우리 주변에도 고대인들에 필적하는 사람들이 있다. 네덜란드에는 칸터 가문[85]이 있고, 스페인에는 페르디난트 왕의 부인인 이사벨[86]이 있다. 그녀의 집안은 학식과 영혼 모두가 우리의 존경을 받아 마땅한 여성들을 여럿 배출했다. 영국에는 토머스 모어[87]라는 걸출한 인물이 있다. 그는 공사로 다망한 가운데도 시간을 내어 그의 부인과 아들 그리고 딸들의 가정교사가 되었고, 종교교육을 시작으로 점차 그리스어와 라틴어 학습으로 나아갔다. 우리는 당연히 그러한 열정을 가지고 아이들을 훌륭하게 교육해야 한다. 아이들이 모국어를 배우지 못할 것이라는 생각은 기우에 불과하다. 모국어 습득은 사람들과의 일상적인 교제를 통해 자연스럽게 이루어질 것이다.

집안에 교육을 잘 받은 사람이 없다면, 엄한 선발 과정을 거쳐 학식과 품성이 뛰어난 가정교사를 고용해야 한다. 당신이 선택한 가정교사가 도덕적으로나 지적으로 훌륭한 사람인지를 알아보려고 당신 아들을 카리아인[88]처럼 피실험자로 삼아서는 안

85 칸터는 15세기 말부터 16세기까지 저명한 학자를 여럿 배출한 네덜란드의 가문 이름이었다. 에라스무스는 어려서부터 배움이 뛰어났던 안드레아스 칸터, 페터 칸터, 야곱 칸터의 3형제를 특별히 심중에 두고 있는 것 같다.

86 카스티야의 이사벨. 에라스무스의 후견인 카를 5세의 할머니. 아라곤의 캐서린[카타리나]의 어머니이다. 에라스무스는 아라곤의 캐서린을 에스파냐의 박식하고 신실한 여성들에 포함시켰고, 그녀에게 『기독교도의 결혼에 대하여』(1526)를 헌정했다.

87 에라스무스는 1519년에 울리히 폰 후텐에게 보낸 편지에서 [잘 알려진 바대로] 모어의 성격을 묘사하면서 그의 가족 교육에 대한 노력을 기술한다.

88 에라스무스는 "카리아인"을 소모용 물품이나 사람의 대명사로 사용하고

된다. 다른 문제들에서는 무관심도 용서할 수 있지만, 가정교사를 선정할 때는 정말이지 아르고스[89]의 눈이 필요하다. 전쟁터에서는 두 번의 실수를 용납하지 않는다는 말이 있다.[90] 그러나 가정교사의 경우에는 단 한 번의 실수도 있어서는 안 된다. 그러므로 나는 아이를 가정교사에게 일찍 양도하면 할수록 교육의 성과는 더욱 풍요로울 것이라고 되풀이하여 말한다.

나는 공부의 피곤함이 어리고 여린 아이의 건강을 해칠 수 있다는 걱정 어린 변명을 듣는다. 내 대답은 신체적인 강인함을 좀 잃어버려도, 아이가 얻을 커다란 지적 이로움이 이러한 불이익을 상쇄하고도 남는다는 것이다. 우리는 운동선수가 아닌 철학자와 정치가를 길러내는 데 관심이 있다. 아이들은 평상시 건강하면 된다. 밀로[91]의 근육까지는 필요 없다. 물론 우리는 아이들의 건강에 신경을 써야 한다. 그러나 공부가 지나쳐서 아이의 몸이 상할까 걱정하는 사람들이 아이의 심신에 막대한 해를 끼치는 폭식과 유년기에 적합하지 않은 음식이나 음료로 인한 위험은 아랑

있다. 에라스무스, 『격언집』, I vi 14.

89 그리스 신화에 나오는 눈이 백개 달린 괴물. 에라스무스, 『격언집』, I v 74.

90 에라스무스, 『격언집』, III i 31.

91 반전설적인 그리스의 운동선수. 올림픽 경기의 승자이다.

곳하지 않으니 참으로 우스꽝스럽다. 오늘날 부모들은 아이들을 끝날 줄 모르는 사치스러운 향연으로 끌고 다니고, 종종 늦은 새벽 시간까지 그들의 창자에 뜨겁고 매운 음식들을 도로 뱉어낼 때까지 쑤셔 넣는다. 또, 아이들이 인간으로 치장한 원숭이인 양 그들의 여린 팔다리를 불편한 옷들로 옥죄고 누른다. 그밖에도 아이들을 다른 과도한 사치로 타락시킨다. 그런데 바로 이러한 부모들이 인간의 복락을 결정하는 교육을 이야기할 때면 으레 아이들의 건강 문제를 들먹인다.

내가 건강에 대해 말했던 것은 육체적인 아름다움과 돌봄에도 적용된다. 나는 외모를 완전히 무시해도 안 되지만, 그렇다고 겉모양에만 너무 집착해도 남자답지 않다고 생각한다. 우리는 공부를 신체적인 매력을 망가뜨리는 것으로 보고 멀리한다. 그러나 우리의 외관을 망치는 주범으로는 탐식, 폭음, 수면부족, 싸움질, 결투 등이 있으며, 그 중에서 가장 나쁜 것은 하늘이 방종한 젊은이에게 내리는 피치 못할 저주인 수두이다. 만일 아이들의 건강과 아름다움에 신경이 쓰인다면, 우리는 아이들을 공부보다는 위에서 언급한 해악들로부터 보호해야 한다. 물론 아이들의 학습으로 인한 피로도 최소화해야 한다. 피로는 대개가 쓸데없는 노력에서 비롯된다. 그러므로 우리는 아이들에게 너무 많고 다양한 내용을 제공하기보다는 그들의 나이에 좋고 적합한 것만을 선별해야 한다. 이것은 학문적인 심오함보다는 흥미 있고 쉽게 배우는 내용이어서 관심을 끈다. 만일 온화한 교수법을 사용한다면, 교육의 과정은 일보다 놀이를 닮아갈 것이다. 어린 아이들은 아직 교육의 이로움, 위신, 즐거움 등을 이해하지 못한다. 따라서 우리에게는 전략이 필요하다. 교사로서 성공하기 위해서는 교실에서 다정하고 친절하게 행동해야 할 뿐만 아니라, 다양한 방법을 동원해 공부에 재미를 더하고 아이의 흥미를 끌 수 있는 솜씨와 재간을 갖추어야 한다. 교사로서 가장 나쁜 행동은 아이들이 자라서 공부의 내재적 가치를 알기도 전에 미리 공부를 싫어하도록 만드는 것이다. 학습의 전제 조건은 교사에 대한 호감이다. 처음에는 교사가 좋아서 공부에 재미를 느끼다가도 아이들은 차츰 공부 자체를 목적으로 교사를 따를 것이다. 우리가 선물을 친한 친구가 주었기 때문에 좋아하는 것처럼 아직 생각이 농익지 않은 아이들의 경우에는 교사가 마음에 들어서 학교에 가는 것을 좋아한다. 이소크라테스의 말[92]에 진리가 있는데, 우리는 배우고 싶은 욕구가 강할 때 가장 잘 배운다. 그리고 우리가 좋아하고 존경하는 사람으로부터 가장 열심히 배운다.

교사들 중에는 행동이 너무 거칠고 무뚝뚝해서 심지어 아내

92 그리스의 웅변가이자 교육자(c.436-338BC). 출처는 이소크라테스의 『데모니코스』 18이다. 젊은이들의 도덕적 지혜를 논하는 글이다. 르네상스 동안 매우 인기가 있었다.

들조차 싫어하는 사람들이 있다. 그들의 표현은 늘 금지조고, 말은 항상 시무룩하다. 심지어 기분이 좋을 때조차 심술궂어 보이고, 어느 것 하나 즐겁게 말하지 않는다. 물론 웃는 경우도 거의 없다. 그래서 우리는 이들이 태어날 때는 하느님도 얼굴을 찌푸렸다고 말한다. 나는 이러한 사람들에게는 아이들(방금 어머니의 젖은 뗀 무기력한)의 양육은커녕 말을 돌보는 일도 맡겨서는 안 된다고 생각한다. 그러나 금지조의 외양을 거룩한 인격과 혼동하면서 교사의 이상적인 모습으로 간주하는 사람들이 있다. 그러나 사실 외모는 그다지 믿을만한 것이 못된다. 종종 근엄한 얼굴 뒤에 타락한 영혼이 숨어 있기 때문이다. 이러한 괴물 같은 사람들은 학생들에게 차마 입에 올리기도 민망한 무섭고 끔찍한 짓을 일삼는다. 심지어 부모들도 으름장만 놓아서는 아이들을 올바르게 키울 수 없다. 교사의 첫 번째 의무는 학생들의 마음에 사랑을 불러일으키는 것이다. 그리하여 교사에 대한 두려움보다는 자발적인 존경심이 차츰 싹트도록 하는 것이다. 이것이 겁을 주는 것보다 훨씬 효과적인 방법이다.

우리가 서너 살 소년들을 익명의 촌스럽고 도덕적으로 의심스러운, 종종 정신이상으로 광기를 부리는, 또 매독이나 천연두 같은 흉측한 질병에 걸린 교사가 운영하는 학교로 보냈을 때 장차 어떤 일이 벌어질지는 충분히 예상할 수 있다. 요즘에는 시정잡배들이 학교를 운영해서는 안 된다는 여론이 일어나 그나마 다행이다. 이러한 부류의 교사는 자기가 조그마한 제국이라도 얻은 양 기고만장하고, 한 희극 작가의 말처럼[93] 이러한 절대 권력의 환상에 사로잡혀 짐승들에게도 저지르지 않을 흉악한 만행들을 귀하게 자라야 할 어린 아이들에게 스스럼없이 자행할 것이다. 따라서 학교는 점차 고문의 장소가 된다. 교실에서는 오로지 둔탁한 매질과 회초리 돌아가는 소리, 아이들의 울부짖음과 흐느낌, 그리고 교사의 야만적인 고함만이 들린다. 상황이 이러하다면 아이들이 공부를 싫어하는 것도 놀랄만한 일은 아니지 않는가? 한 번 어린 마음에 이러한 혐오감이 새겨지면 어른이 되어서도 교육에 대한 반감은 쉬이 수그러들지 않을 것이다.

어떤 사람들은 아들을 무능한 주정뱅이 여자에게 보내 읽고 쓰기 공부를 시킨다. 참으로 어리석은 짓이다. 여자가 남자를 지배함은 자연의 질서에 반하는 것이다.[94] 일단 화가 나면 여자들은

93 테렌티우스의 『환관』 414-415를 암시한다.

94 에라스무스답지 않은 태도이다. 아마도 자신의 의견을 개진하기보다는 수사학적인 강조를 위해 이러한 다소 놀랄만한 반여성주의적 표현을 사용한 것 같다. 에라스무스는 결혼에 관한 소고들과 대화집에서 남성과 여성 간의 대등한 동료관계를 강조한다. 이러한 남녀관계의 이상은 에라스무스가 아라곤의 캐서린에게 보낸 편지에 잘 드러난다. 이 편지는 베인턴의 『기독교 세계의 에라스무스』(뉴욕, 1969) 228-229를 참조하라. 그럼에도 반여성주의 자체는 놀랄만한 일이 아니다. 고대의 전통과 바울의 전통을 따르는 까닭이다. 고대 문학에 흔히 나타나는 변덕스러운 여성상은

흥분한 마음을 주체하지 못하고 몹시 잔인해진다. 마음의 정념은 쉽게 불타오르고 복수의 화신이 물러가고 나서야 비로소 평정심을 되찾는다.

오늘날에는 심지어 수도원과 형제단[95]조차도 후미진 곳에 학교를 열고 돈벌이를 한다. 그러나 이곳 사람들은 다른 면에서는 신중하고 지적인 사람들인지 몰라도 아이들을 가르치기에는 학식이 부족하다. 아니, 그들의 지식은 적합하지 않다. 따라서 나는 이러한 유형의 교육을 추천하는 사람들과 달리 아들이 자유교육을 받았으면 좋겠다고 생각하는 부모들에게는 다른 선택을 권한다.

이로부터 우리는 가정교사와 공립학교[96] 사이에서 선택을 해

베르길리우스의 유명한 문구로 요약된다. "감정기복이 심하고 변화무쌍한 자, 그대는 여자노라"(『아이네이스』, 4.569). 성 바울은 『디모데서』 전서 2:11-15에서 여성이 남성에게 복종하는 것이 신의 섭리라고 주장한다. 앞서 인용한 『디모데서』 전서 2:15는 에라스무스 사고에 드리운 바울의 그림자를 보여준다. 그러나 에라스무스의 여성교육관은 분명 시대를 앞서가는 것이었다. 우드워드의 『에라스무스』 148-153에서의 논의를 참조하라.

95 스헤르토헨보스의 형제단 학교에 대한 에라스무스의 비판은 유명하다. 에라스무스의 편지(447:103이하)와 『발음에 대하여』(CWE, 26 385-386)를 참조하라.

96 국가의 지원을 받는 학교가 아니다. 에라스무스가 말하는 공립학교는 교사가 부모들로부터 수업료를 받고 아이들을 가르치는 독립적인 학교이

야만 한다. 물론 공립학교가 보다 경제적이고 일반적인 해결책이다. 교사의 입장에서는 반 전체를 강압적으로 몰아가는 것이 학생 한 명을 데리고 자유로운 분위기 속에서 교육을 하는 것보다 훨씬 쉽다. 그러나 송아지나 당나귀를 길들이면서 대단한 일인 양 으스댈 수는 없다. 반면에 아이들에게 자유교육을 행하는 것은 어려우면서도 명예로운 도전이다. 폭군은 백성들을 공포로 다스린다. 그러나 참된 군주는 자비, 중용, 지혜를 통치의 본분으로 삼는다. 디오게네스[97]가 아이기나의 포로가 되어 노예 시장에 끌려갔을 때, 경매인은 구매자에게 그를 어떻게 소개하면 좋을지 물었다. 그러자 디오게네스는 경매인에게 자기를 "자유민의 아이들[98]을 잘 교육할 수 있는 노예"로 선전하면 된다고 말했다. 많은 사람들이 이러한 모순된 주장을 비웃었지만, 유독 한 사람(집안에 어린 아이들이 있었던)만은 그 철학자에게 다가가 그의 말이 정말로 사실인지를 물었다. 디오게네스는 거짓말이 아니라고 대답했고, 간단한 대화가 둘 사이에 오고간 뒤에 그는 이 노예가 범상한 인

다. 그러다보니 부모들의 영향력이 국가나 교회 또는 세속적인 교단(형제단처럼)이 운영하는 교육기관에서보다 커질 수밖에 없다.

97 디오게네스 라에르티오스, 6.74.

98 원어는 "리베리"이다. 라틴어로 "자유로운 사람들"과 "아이들"을 동시에 의미하는 단어이다. 여기서는 "자유민의 아이들"로 옮겼다.

물이 아님을 알아차렸다. 허름한 노예 차림 속에 위대한 성인의 모습이 감추어져 있음을 간파했던 것이다. 이 남자는 곧바로 디오게네스를 노예 시장에서 자신의 집으로 데려갔고, 그에게 아이들의 교육을 맡겼다.

스코틀랜드 사람들 다음으로 프랑스 학교교사들이 세상에서 가장 상습적으로 매질을 한다. 그러나 당신이 이런 꼬리표를 달으려 한다면, 그들은 자기네 국민들은 때리는 것 말고는 어찌해 볼 도리가 없는 사람들이라고 항변할 것이다. 마치 프리기안 사람들[99]이 그러했던 것처럼 말이다. 나는 이러한 주장이 사실인지 모르겠다. 물론 나라마다 국민성이라는 것이 있다. 그러나 이러한 성격적 특성은 어디까지나 개인적인 것이다. 어떤 사람들은 죽을 때까지 때려도 행동을 고치지 않는다. 그러나 그러한 사람들도 다정한 말로 다독이면 언제 그랬냐는 듯 당신이 시키는 대로 행동할 것이다. 고백컨대[100] 내 소년기의 성격이 그러했다. 나는 누구보다도 교사의 사랑을 받았다. 그는 나를 전도유망한 소년으로 생각하고는 내게 가장 주의를 기울였다. 그러다가 내가 매질을 얼

---

99 에라스무스, 『격언집』, I viii 36.

100 1480년대 중반 에라스무스가 스헤르토헨보스의 형제단 학교에 잠시 머물 때 일어났던 사건이다. 교사는 롬볼드였다. 이하가 사건의 전말이다. 에라스무스의 편지 447을 참조하라.

마나 견딜 수 있는지 알아보려고 일부러 잘못을 꾸며내어 나를 때렸다. 이러한 사건이 일어난 뒤로 나는 공부에 염증을 느꼈고 우울증과 상실감에 시달리다 결국에는 4일열을 앓았다. 마침내 교사는 자신의 실수를 깨닫고 그의 친구들에게 유감어린 어조로 "나는 그 아이의 성품을 제대로 알기도 전에 송두리째 망가뜨리고 말았네."라고 말했다. 나를 가르친 교사는 분명히 둔하지도 무식하지도 않았고, 그렇다고 악의가 있는 사람도 아니었다. 그는 도로 정신을 차렸다. 그러나 나는 원래대로 돌아가기에 너무 늦었다. 얼마나 많은 장래가 촉망되는 아이들이 이러한 짐승 같은 사람들을 만나 마음의 상처를 입는지를 생각해 보아라. 이들은 가상의 학식을 뽐내는 무지한 자들로서 품성이 나쁘고, 자신들의 욕구 충족을 위해 학생들을 때리는 가학적이고 야만적인 주정꾼들이다. 이러한 부류의 사람들은 푸줏간이나 사형장에서나 쓸모가 있을 뿐, 어린 아이들을 가르치는 교사가 되어서는 안 된다.

가르칠 것이 없는 교사가 학생들에게 가장 잔인한 법이다. 이러한 교사는 달리 할 일이 없기에 매질과 욕설로 하루를 보낸다. 내가 알고 지내던 신학 교수[101]가 있었다. 그는 뛰어난 명성만큼이

101 파리 몽테귀 칼리지의 학장 잔 스탄돈크를 말한다. 에라스무스는 몽테귀 칼리지에서 인고의 시간을 보냈다. 아래의 체벌 장면은 이 시절을 떠올리지만, 에라스무스와 신학 교수의 대등한 관계는 추후 다른 장소와 교육기

나 잔인함으로도 당할 자가 없었다. 수하에는 매질을 잘하는 교사가 여럿 있었다. 그는 매질이야말로 의기양양함을 억누르고 고집쟁이 젊음을 통제하는 유일한 방법이라고 믿었다. 그는 학생들과 함께 식사를 할 때면 언제나 그럴듯한 구타 각본을 하나 만들어 와서 자리가 파하기 전에 소년 한두 명을 습관적으로 때리곤 했다. 심지어는 잘못이 없는 소년들조차 가끔씩 매질을 당했는데, 그 이유가 앞으로 있을지도 모를 매질에 익숙해지기 위함이란다. 나는 한 번은 그 교수 바로 옆 자리에 앉았는데, 그는 늘 하던 대로 소년 한 명을 식사 테이블로 불러냈다. 소년은 내가 보기에 열 살 정도였고, 이제 막 집과 어머니를 떠나 이곳에 온 것 같았다. 교수는 내게 아이의 어머니가 매우 독실한 여성이고, 그녀의 아들을 기꺼이 자기에게 맡겼다고 귀띔했다. 그러고는 매질의 사전 포석 격으로 소년의 검증되지 않은 죄상들을 낭독하기 시작했다. 이윽고 학생들 사이에서는 교수의 하수인으로 통했던 학교 감독관이 나와서 소년에게 매질을 가했다. 감독관은 소년을 마룻바닥에 내팽개쳐 놓고는 불경죄라도 저지른 것처럼 마구 두들겨 댔다. 한두 번 그 신학 교수가 중간에 끼어들어 "그만하면 됐어, 충분하다니까"라고 말했음에도 불구하고, 흥분한 감독관은 귀머

관을 암시한다.

거리인 양 소년이 거의 실신 상태에 이를 때까지 야만적인 매질을 계속했다. 이내 말끔한 성복 차림의 신학 교수는 나를 한번 힐끔 돌아다보더니 "소년을 이 정도까지 때릴 필요는 없었어요. 하지만 그가 앞으로는 좀 더 고분고분하게 행동해야겠지요"라고 말했다. 그렇다, "고분고분하게 행동해야 한다"는 것이 신학 교수의 변명이었다. 우리는 노예도, 또 심지어 당나귀도 이런 방식으로 훈련시키지 않는다. 혈통 좋은 말은 채찍이나 자극보다는 칭찬과 애정 어린 말에 쉬이 반응한다. 만일 너무 거칠게 다루면, 그 녀석은 고분고분하게 행동하기는커녕 발길질을 하고, 물어뜯고, 날뛰면서 저항한다. 황소도 너무 못살게 굴면 멍에를 집어 던지고 주인을 들이받는다. 우리는 성깔 있는 녀석을 다룰 때 사자 새끼를 다루듯 조심해야 한다. 코끼리를 길들일 때도 완력이 아닌 기술이 필요하다. 아무리 유순한 동물도 거칠게 다루면 성을 내고, 아무리 사나운 동물도 부드럽게 다루면 달랠 수 있다.

단지 나쁜 결과가 두려워 행동을 고치는 사람이 있다면 노예근성을 가지고 있는 것이다. 그러나 우리는 아이들을 흔히 자유인으로 부른다. 그들이 자유교육(노예적인 기질과는 거리가 먼)을 받아야만 한다는 사실을 암시하면서 말이다. 실제 지혜로운 주인은 노예들을 친절하고 사려 깊게 다룬다. 그리하여 그들은 노예의 오명을 벗는다.[102] 이러한 주인은 노예도 동물이 아닌 인간이라는 점을 기억한다. 우리는 노예가 주인을 위해 헌신한 뛰어난 사례들을 목격하는데, 만일 주인이랍시고 채찍만 들고 권위적으로 행동했다면 결코 이러한 일은 벌어지지 않았을 것이다. 성품이 방정한 노예는 때리기보다는 훈계를 하고 자존감과 의무감으로 설득하는 편이 좋다. 그러나 방자한 노예는 매질이라도 당하면 지체 없이 자신의 사악한 본성을 드러낸다. 도주하여 재산을 축내거나 주인의 살해를 공모한다. 종종 목숨을 걸고 잔인한 주인에게 복수하기도 한다. 궁지에 몰린 인간만큼 위험한 동물은 없다. 그러므로 나는 "집안 노예의 수만큼 적이 있다"는 대중적 경구[103]가 노예에 대한 주인의 비인간적인 학대에서 연유한 것이라고 믿는다. 노예들을 잘 다루려면 요행보다는 솜씨가 있어야 한다. 지혜로운 주인은 노예들을 자유의 정신의 입각해 훈련시키고, 나아가 그들을 노예 신분에서 해방시키고자 한다. 그런데 그 주인에게서 태어난 자유민의 아이들이 〔교육을 받지 못해서〕 노예의 삶을 살아야 한다면 얼마나 우스꽝스럽겠는가? 옛 희극 속 노인네[104]의 말대로 아버지와 주인은 서로 많이 다르다. 주인은 강압적인 태

---

102 라틴어 원문은 "머리채를 자르다"이다. 고대 로마에서 부유한 집안의 어리고 매력적인 남성 노예들은 종종 머리를 길게 늘어뜨렸다. 머리채를 자른다는 말은 곧 노예의 오명을 벗는다는 뜻이다. 페트로니우스의 『사티리콘』 70.8에 나오는 "머리를 길게 늘어뜨린 아이들"을 참조하라.

103 세네카, 『도덕서간』 47.5.

104 테렌티우스의 『아델피』 73-77에 등장하는 미키오를 말한다.

도로 권위만을 내세우지만, 아버지는 존엄과 자유에 호소하면서 도덕적으로 행동하는 자발적인 능력(두려움을 아랑곳하지 않는)을 발달시킨다. 그래서 아들은 아버지가 곁에 있든 없든 언제나 자신의 도덕 원칙을 굳건히 지킨다. 그 노인네는 또한 자율적으로 행동하지 못하는 사람은 자유민을 수하에 둘 자격이 없다고 말했다. 아버지와 주인 사이에는 왕과 독재자보다도 더 커다란 차이가 있다. 그런데 우리는 독재자를 몰아내는 데는 열심이면서도, 정작 그러한 부류의 사람들에게 우리 아이들의 교육을 맡긴다. 아니, 어쩌면 우리 스스로가 독재자의 역할을 자임하고 있는지도 모른다.

기독교 사회에서 노예라는 끔찍한 개념[105]이 사라진다면 얼마나 좋겠는가! 성 바울[106]은 오네시모를 빌레몬에게 노예가 아닌 사랑하는 형제로서 추천하고, 에베소 사람들[107]에게 편지를 보내 주인들이 노예들을 학대하거나 겁박해서는 안 된다고 훈계한

---

105 에라스무스의 『대화집』에 나오는 문장과 비교하라. "결혼에 관심 없는 여자," "기독교의 사랑으로 고대의 잔재인 노예제가 대부분 사라졌다. 여기저기 잔해만 조금 남았다"(톰슨, 『에라스무스 대화집』, 109). 에라스무스는 당시 서유럽의 상황을 바르게 인지하고 있었다. 신세계는 그의 시야 밖에 있었다. 그러나 중세에도 기독교 사상가들은 노예제를 계속 용인했고, 근대 초기까지 필요악으로 묵인했다. 데이비스의 『서양 문화에서 노예제의 문제』(이타카, 1966) 91–121을 참조하라.

106 『빌레몬서』, 15–18.

107 『에베소서』, 6:9.

다. 하늘에 진정한 의미에서의 주인이 있어 장차 지상의 모든 인간들을 노예와 주인을 가리지 않고 똑같이 심판할 것이기 때문이다. 성 바울은 채찍의 사용은 말할 것도 없고, 위협을 가하는 행위도 금지한다. 그의 말은 "매질을 삼가라"는 것이 아니라 "협박을 삼가라"는 것이다. 그렇다면 우리가 배의 선장, 아니 심지어 해적조차도 부하들에게 저지르지 않을 잔인한 채찍질을 우리 아이들에게 가해서야 되겠는가?

아이들과 관련된 성 바울의 가르침은 무엇인가? 그는 아이들을 노예들처럼 때리지도 말고, 가혹하고 쓰라린 말로 꾸짖거나 주의를 주지도 말라고 명한다. 그러고는 "세상 아버지들이여,[108] 아이들을 분노가 아닌 하느님의 보살핌과 훈계를 통해 양육하라"고 이른다. 이러한 "하느님의 훈계"가 무엇인지는, 예수님이 제자들을 얼마나 온화하고 참을성 있게 사랑으로 가르치고 도와주고 격려하면서 이끌었는지를 생각해 보면 쉽게 알 수 있다.

인간의 법은 부모의 권위를 제한하고, 주인들의 가혹 행위에 대해서는 하인들에게도 법적 대응을 허용한다. 그런데 왜 이러한 학대가 기독교도들 사이에서는 여전히 성행하는가? 일찍이 로마

108 『에베소서』, 6:4.

의 기사였던 아우콘[109]은 아들을 죽을 때까지 매질했다. 이에 광분한 로마 대중들은 부모와 아이를 가릴 것 없이 아우콘을 광장으로 끌어내 죽이려 하였다. 이 몰상식한 아버지는 아우구스투스 황제의 만류가 없었던들 죽음을 면치 못했을 것이다. 오늘이 아니라도 얼마나 많은 아우콘들이 무식한 매질로 아이들의 건강을 해치는가! 아이들은 시력을 잃거나, 불구가 되고, 심지어 종종 죽기까지 한다. 그럼에도 몇몇은 보통의 방식으로는 야수적인 본능을 채우지 못해 채찍을 사용하고, 따귀를 때리고, 주먹질을 하고, 손에 잡히는 것은 아무거나 아이에게 던진다. 구두골로 견습생의 얼굴 눈덩이를 가격했다가 나중에 법의 처벌을 받았던 구두장이처럼 말이다. 우리는 이러한 야만적인 행동에 더러운 욕지거리까지 해대는 작자들에게 무슨 말을 해야 할까?

내가 어린 피해자와 잔인무도한 가해자를 모두 알고 있지 못했다면, 나는 다음의 이야기를 결코 믿지 않았을 것이다. 소년은 채 열두 살도 되지 않았다. 그의 부모는 교사에 비하면 너무나도 훌륭하고 예의바른 사람들이었다. 그러나 교사는 아이를 메젠티

109 이 일화와 관련된 고대의 자료는 없다. 에라스무스는 15세기 인문주의자 베기우스의 『아동교육론』(1.16)을 참조한 것 같다. 다만 베기우스의 논고에는 안콘이라는 이름이 등장한다.

우스[110]나 팔라리스[111]처럼 야만적인 방식으로 다루었다. 인간의 배설물을 입에 강제로 쑤셔 넣었는데, 아이는 힘에 부쳐 도로 뱉어내지도 못하고 대부분을 그대로 삼켜야 했다. 인류 역사상 어떤 독재자가 이런 만행을 저질렀단 말인가? 옛 그리스 속담[112]에 "실컷 힘이 있음을 과시하라"는 말이 있다. 이러한 취급은 힘을 갖고 싶은 욕망을 부추길 뿐이다. 다음으로 소년의 옷을 벗겨 팔 아래를 줄로 묶어 추켜들었는데, 이는 도둑질한 사람을 모욕적으로 벌하는 야만적인 독일 관습이었다. 이때 소년은 공중에 매달려 거의 죽을 때까지 사방을 두들겨 맞았다. 소년이 결백을 주장하자, 고문은 더욱 심해졌다. 어찌 보면 체벌보다도 가해자가 더 무서웠다. 그의 교활한 눈매, 좁고 날카로운 얼굴, 유령처럼 찢어지는 목소리, 소름끼치는 낯빛과 가로젓는 고개, 광기어린 학대와 모욕은 저승사자의 모습을 보는 듯 했다. 우리는 이러한 몹쓸 짓을 겪은 소년에게 어떤 일이 발생했는지를 상상할 수 있다. 얼마

110 베르길리우스의 『아이네이스』에 나오는 티레니안 사람들의 왕이다. 잔인한 메젠티우스는 백성들로부터 쫓겨나 투르누스로 도망쳤고, 거기서 아이네스에 맞서 싸웠다. 그의 전쟁터에서의 죽음이 『아이네이스』 10권의 절정을 이룬다.

111 시칠리아 아그리겐툼의 잔인무도한 독재자(c.670–594BC).

112 호메로스, 『오디세우스』, 1.124. 직역하면 "당신이 겪은 고통을 남도 겪게 하라"이다. 에라스무스의 "힘이 있다"는 표현은 고통의 피해자가 고통의 가해자가 될 수 있다는 반어적 의미를 내포한다.

지나지 않아 소년은 병에 걸렸고, 몸과 마음이 모두 형편없이 나빠졌다. 그러나 가해자는 피해자 부모가 고소를 할지도 모른다는 생각에서 급히 소년의 아버지에게 편지를 보내 아들을 당장 학교에서 데리고 나가라고 말했다. 자기는 최선을 다했지만 소년의 현재 상태가 너무 절망적이어서 더는 어찌해 볼 도리가 없다는 것이었다. 소년은 몸을 추스를 정도로 치료를 받고 나서도 정신적으로는 여전히 고통스러워했다. 우리는 그가 예전의 지적 능력을 되찾을 수 있을지 매우 의심스러웠다.

이러한 야수성은 예외적인 사안이 아니었다. 소년이 학교교사의 집에 기거하면서 한두 차례 매를 맞지 않고 하루를 보내는 경우는 없었다. 독자들은 소년이 중대한 잘못을 저질렀으니 이러한 처벌을 받았다고 생각할지도 모르겠다. 그러나 사건의 전말은 이러했다. 어느 날 소년들(매질을 당한 소년과 다른 두 명의 소년)이 함께 사용하던 책이 잉크로 더렵혀진 채 나뒹글고 있었고, 근처에 찢어진 옷가지와 인변이 묻은 신발이 놓여 있었다. 이 천박한 장난의 진범은 그 짐승 같은 교사의 조카였는데, 그는 타고난 문제아였다. 이 소년이 훗날 저지른 비행들을 보면, 그가 어려서도 사고뭉치였음을 미루어 짐작할 수 있다. 그는 어린 나이에 이미 싸움질과 도둑질에 익숙했다. 하루는 남의 집을 방문한 자리에서 술통의 마개를 열어 놓아 마루를 온통 망가뜨렸는데, 이때도 돕는 시늉을 하면서 "어디 술통이 엎질러졌나 봐요. 술 냄새가 진동을 하는데요"라고 천연덕스럽게 말했다. 그뿐만 아니라 동료 소년과 장난을 넘어선 매우 위험한 수준의 칼싸움을 벌였다. 이런 소년에게서 사람들은 미래의 강도, 자객, 용병의 모습을 보았다. 우리의 교사께서는 조카를 매우 좋아했지만, 동시에 조카와 칼싸움을 일삼는 다른 아이의 생명도 늘 챙겼다. 세상에서 돈을 가장 달콤한 것으로 여기는 "복음주의자"[113]였던 우리의 교사께서는 조카의 적수였던 다른 소년이 비싼 수업료를 지불하고 있어서 끝내 조카를 집으로 되돌려 보냈다. 학교 상황이 이러한데도 우리의 선한 아버지께서는 자신이 아들이 지금 경건하고 의식 있는 교사와 시간을 보내고 있다고 믿는다. 물론 진실은 아이가 더러운 살인자와 함께 살면서 반미치광이 병자의 수발이나 들고 있는 것이다. 그렇다면 우리의 교사께서 누구에게 죄를 뒤집어씌울지는 분명하다. 자기가 가르치고 있던 세 명의 소년 중에서 피붙이 조카와 돈벌이 대상을 제외한 나머지 죄 없는 아이를 의심하고 그 소년이 사람들의 눈을 피하기 위해 고의로 자신의 옷가지를 찢고 신발을 더럽히는 속임수를 썼다고 주장했다. 그러나 문제의 소년은 훌륭한 집안 출신이었고, 결코 그렇게 행동할 만큼 성품이 비

113 개신교 근본주의자들은 물론 수도원 안팎의 구성원들까지 한꺼번에 비판하는 용어이다. 원래는 개신교도들을 의미한다.

루하지 않았다. 심지어 오늘날까지도 그의 인품에는 전혀 교활한 구석이 없다. 이제야 그는 공포심을 뒤로 하고 당시 자신에게 닥쳤던 불행을 담담히 이야기한다.

이러한 부류의 교사들에게 부모들은 그들의 가장 소중한 자산인 아이들을 맡긴다. 그런데 이런 교사들이 노력에 비해 보상이 충분하지 못하다고 불평을 한단다! 내가 말했던 잔인한 교사는 자신의 실수를 깨달았지만 잘못을 인정하기는커녕 그런 정신나간 짓을 계속했다. 그러나 이러한 유형의 사람들은 학대죄로 처벌을 받지 않을뿐더러 법의 엄중한 처벌도 이들의 야만성을 제지하지 못한다. 그러다보니 우리 사회에서는 병든 자들이 미쳐 날뛰고 있다. 심지어 스키타이나 프리기아 사람들[114]조차 무서워할 많은 관습들이 기독교도들의 삶 속으로 들어왔다. 이와 관련해 나는 이른바 "신입생 골려먹기"[115]라는 공립학교 입학생을 대상으로 하는 추악한 관습을 하나 소개하려 한다. 자유학예를 공부할 목적으로 공립학교에 들어온 명문가 자제들은 입문식이랍시고 인간

---

114 러시아 남부의 스키타이 사람들과 소아시아의 프리기아 사람들은 고대 문헌에서 사나움과 용맹함의 대명사였다.

115 에라스무스가 사용한 라틴어는 "작고 동그란 모자를 벗기다"이다. "작고 동그란 모자"는 입학식 동안 착용하는 신입생의 상징이었다. 이 단어는 중세 라틴어이다. 어원은 "누리끼리한 부리'를 뜻하는 중세 프랑스어이다. 이 모자의 우스꽝스러운 외양에서 착안한 표현이다.

이하의 잔인무도한 일을 겪는다. 우선 그들은 면도라도 하는 것처럼 턱을 오줌물에 담근 채 그 더러운 물을 강제로 마신다. 그러고는 심하게 두들겨 맞는데, 신입생 길들이기 차원이란다. 그밖에도 입안 가득히 소금이나 식초를 머금고 젊음의 야만스러운 본능을 뽐낸다. 물론 이러한 바보 같은 의식을 시작하기 전에 신입생들은 무조건적인 복종을 맹세한다. 마지막 단계는 그들의 몸을 거꾸로 쳐들어 등짝을 파성퇴로 사용하면서 주변의 탄성을 자아내는 것이다. 이러한 몹쓸 짓은 종종 열병을 일으키고 척추에 회복 불능의 상해를 입힌다. 말할 필요도 없겠지만, 피날레는 폭음의 향연이 장식한다.

이것이 자유교육의 시작을 알리는 입회식이라니! 참으로 사형집행인, 고문관, 포주, 카리아 좀도둑, 노예선-노예들에게나 어울리는 입문식이다. 결코 학문을 하는 소년들을 위한 것이 아니다. 자유교육을 받는 소년들이 이렇듯 무분별하게 행동하는 것은 충격적이다. 그러나 더욱 놀라운 점은 교사들이 학생들의 이러한 행동을 용인한다는 것이다. 이러한 비난 받아 마땅한 잔인한 어리석음을 전통이라는 이름하에 두둔하는 것이다. 나쁜 관행을 뿌리 깊은 잘못(널리 퍼져있을수록 더욱 철저하게 근절해야 하는)으로 인식하지 못하면서 말이다. 예컨대 신학교에서는 여전히 "야간보행"[116]의 관습을 지킨다. 이러한 행동 또한 멍청한 이름의 멍청한 관습에 불과하다. 미래의 신학 교수들보다는 어릿광대들에게나 어울리는 의식이다. 나는 인문학을 공부하는 사람이라면 농지거리도 어느 정도 인간적이어야 한다고 생각한다.

본래의 주제로 돌아와 나는 계속되는 매질보다 어린 아이들에게 해로운 것은 아무 것도 없다고 생각한다. 체벌이 너무 심할 때 성깔 있는 아이들은 반항을 할 것이고, 심드렁한 아이들은 만사를 체념할 것이다. 만일 체벌이 너무 잦으면 몸이 매질에 익숙해져서 마음도 점차 반응을 하지 않게 된다. 마찬가지로 꾸짖는 말도 너무 자주 해서는 안 된다. 약도 잘못 투여하면 병을 낫게 하기보다는 악화시키고, 너무 많이 복용하면 효험을 잃어 단지 삼켜야만 하는 거북하고 유해한 것이 된다.

이쯤에서 누군가 구약의 문구들을 가져와 우리 귀를 따갑게 할 것이다. "매를 아끼는 자는 자식을 망치고 자식을 사랑하는 자는 아들을 지체 없이 혼낸다."[117] 혹은, "아들이 어릴 때 목을 구부리고 옆구리를 때려라."[118] 아마도 오래전 유태인들에게는 이러한 형태의 훈육이 적절하였는지도 모르겠다. 그러나 오늘날 우리는 이러한 구약의 소절들을 좀 더 자유롭게 해석해야 한다. 만

116 라틴어 "밤중에"를 옮긴 말. 박사학위 지원자가 학위를 받기 전에 교수들을 야간에 공개적으로 찾아가 질의응답을 하는 관습이다.

117 『잠언』, 13:24.

118 『집회서』, 30:12.

일 당신이 언어를 가르치면서 성경의 구절대로 아이들의 목을 구부리고 옆구리를 때린다면 얼마나 우스꽝스럽겠는가? 이러한 방법은 황소에게 쟁기질을 훈련시키거나, 당나귀에게 안장을 올릴 때나 사용하는 것이다. 인간에게 훌륭한 행동을 가르치는 방법은 아니다. 이러한 구약의 말씀이 우리에게 약속하는 바는 무엇인가? 적어도 이웃에게 빵을 구걸하지는 않아도 된다는 것이다.[119] 옛 현자에게 가난은 아들이 겪을 가장 무서운 것이었다. 참으로 냉랭한 도덕률이 아닐 수 없다. 우리는 회초리를 친절한 안내의 말로 대신해야 한다. 꾸지람도 때론 필요하나, 이때도 쓰라리게 책망하기보다는 부드럽게 달래야 한다. 이것이 우리의 훈육 지침이다. 이러한 방법을 통해서만 우리 아이들은 가정에서 올바르게 자라나고, 도덕적인 지혜에 이르고, 이웃에 도와달라고 간청하지 않게 된다. 철학자 리콘[120]은 아이의 타고난 재능을 불러일으키는 두 개의 강력한 동인으로서 부끄러움과 칭찬을 꼽았다. 부끄러움은 정당한 비판에 대한 두려움이고, 칭찬은 모든 성취의 어머니이다. 부끄러움과 칭찬이 우리 아이들의 천부적 능력을 발현시키는 수단이어야 한다. 아이의 옆구리를 때리는 회초리의 경우 나

119 『집회서』, 30:1.

120 그리스의 철학자이자 교육자(c.299–225BC). 소요학파에 속한다. 디오게네스 라에르티오스 5.65.

는 최고 시인 베르길리우스[121]의 표현을 빌려 "부단한 노력이 모든 어려움을 이겨낸다"고 말하고 싶다. 그러므로 우리는 항상 아이들을 주의 깊게 살피고 격려하고 이끌면서 반복, 지시, 권고를 멈추어서는 안 된다. 이것이 우리의 징벌 막대기가 되어야 한다. 아이들은 무엇보다 선량함과 지식은 좋아하고, 상스러움과 무지는 싫어해야 한다. 아이들은 착한 사람들이 칭찬받고, 악한 사람들이 비난받는 소리를 들어야 한다. 아이들은 사람이 지혜로우면 영광, 부, 명예, 위신을 얻지만 방탕하고 무식하면 불명예, 멸시, 빈곤, 파멸에 직면한다는 사실을 많은 실례를 통해 깨달아야 한다. 이것이 잘못을 바로잡는 기독교도들의 방식이다.

그러나 이러한 방법(경고, 간청, 경쟁, 부끄러움, 칭찬 등)이 성공을 거두지 못하면, 마지막으로 체벌을 고려해야 한다. 체벌은 어디까지나 인간적이고 제한적이어야 한다. 매질을 한다고 공공연한 장소에서 아이의 옷을 벗긴다면, 그 자체로 자유민에게는 치욕스러운 것이다. 퀸틸리아누스[122]는 자유민의 아이들을 매질하는 오래된 교육 관습을 비판한다. 그러나 일각에서는 반문할 것이다. "그렇다면 때리지 않고는 도저히 가르칠 수 없는 아이들은 어떻게

121 베르길리우스, 『농경가』, 1.145.

122 퀸틸리아누스, 1.3.13–17.

하지요?" 내 답변은 간단하다. "황소나 나귀가 길을 잃어 교실 안으로 들어왔다면 당신은 어떻게 하나요? 당신은 이 녀석들을 원래의 장소로, 그러니까 황소는 밭으로 그리고 나귀는 방앗간으로 돌려보내지 않나요? 아이들 중에도 밭갈이나 방아 찧기에나 어울리는 녀석들이 있어요." "하지만 그렇게 하면 학생들의 수가 줄어들어요." "물론이지요, 그래서요?" "교사의 수입도 줄어들죠." "아, 그거 참 안됐네요, '눈물'이 날 지경이에요." 한 마디로 주머니에 들어오는 돈이 학생들의 복락보다 훨씬 중요하다는 말이다. 불행하게도 교사들 대부분의 정신 상태가 이러하다.

고대의 철학자들과 수사학자들은 실현 불가능한 이상적인 현자나 웅변가를 논의했다. 마찬가지로 이상적인 학교교사의 자질을 하나씩 헤아려보는 것이 그러한 이상에 부합하는 사람을 실제로 찾아보는 것보다 쉽다. 그러나 훌륭한 교사를 길러내는 일은 도시와 교회의 공적인 책무이다. 군대에 복무하거나 교회 합창단에서 노래하는 사람들이 적절한 훈련을 받아야 하는 것처럼, 나라의 아이들을 인문주의 이상에 따라 교육하는 사람들도 공공의 훈련을 받아야 한다. 베스파시아누스 황제[123]는 자신의 사유지에서 나오는 돈으로 그리스어와 라틴어 수사학 교사들에게 봉급을

123 수에토니우스, 『황제전』, 베스파시아누스 8.

지급했다. 소 플리니우스[124] 또한 사재를 털어 많은 돈을 동일한 목적에 사용했다. 만일 공적인 사람들이 이러한 의무를 등한시한다면, 개인이라도 자신의 가정에서 책임을 다해야 한다. 누군가 이렇게 말할지도 모르겠다. "가정교사를 고용하기는커녕 아이들 입에 풀칠하기도 어려운 처지에 있는 우리 가난한 사람들은 어떻게 하나요?" 이러한 하소연을 듣고 있자니 오래전 희극 시인[125]의 말이 떠오를 뿐이다. "우리에게 허락된 것을 해야 한다. 우리가 하겠다고 할 수 있는 것이 아니기 때문이다." 나는 단지 좋은 교육 이론을 제안하는 것이지 그 실현 방안을 제시하는 것은 아니다. 그럼에도, 넉넉한 사람들이 가난해서 타고난 재능을 드러낼 수 없는 아이들을 도와주는 것은 인지상정이 아닌가 싶다.

나는 교사가 친절하되 자제할 줄 알아야 한다고 생각한다. 그렇지 않으면, 익숙함은 무시를 낳고 수치심과 존경심을 모두 파괴할 것이다. 우리에게는 소 카토[126]가 칭찬해 마지않았던 사르페돈과 같은 교사가 필요하다. 사르페돈의 다정함은 카토의 우정을 얻는데 부족함이 없었고, 도덕적 청렴함은 처벌의 위협 없이도 소년의 경외심을 불러일으켰다. 만일 매질만 일삼는 교사가 왕자들

124 소 플리니우스, 『서간집』, 4.13.

125 테렌티우스, 『안드리아』, 806. 에라스무스, 『격언집』, I viii 43.

126 앞의 주, 81.

의 교육을 맡는다면, 그래서 때리기는커녕 몸에 손도 대지 못하는 상황이라면 어떤 일이 벌어지겠는가? 귀족 자제들은 체벌을 면제해 주어야 한다는 주장이 있다. 그러나 범부의 자식들도 집안 좋은 도련님들과 마찬가지로 인간이다. 모든 시민의 아이가 왕실의 아이만큼 사랑을 받고 자라나야 하지 않을까? 지위가 보잘것 없는 사람일수록 자유교육을 디딤돌 삼아 신분 상승을 일구어야 한다. 한편 철학의 가르침은 부유한 사람들에게도 필요한데 현재의 운을 잘 지키기 위함이다. 적지 않는 수의 사람들이 비천한 집안에서 태어나 고관의 지위까지, 때론 교황의 지엄한 자리까지 올랐다. 물론 모두가 그렇게 성공하는 것은 아니다. 그러나 모두가 이를 위해 교육은 받아야 한다.

이쯤에서 나는 매질하는 학교교사들과의 입씨름을 그만두려 한다. 마지막으로 한 가지 점만 지적하고 싶다. 지혜로운 사람들은 회유는 않고 처벌만 하는 법과 행정을 늘 비판했다. 이러한 방식은 이미 저질러진 죄를 처벌하는 효과만 있을 뿐, 죄를 사전에 예방하는 효과는 없다. 같은 맥락에서 교사들은 흔히 아이들이 잘못하면 매질만 할 뿐, 그러한 잘못을 방지할 수 있는 도덕심은 길러주지 않아 지탄의 대상이 된다. 아이가 교과서를 강독하는 장면을 그려보자. 얼마 지나지 않아 아이는 실수를 하고, 교사는 기다렸다는 듯이 매질을 한다. 이러한 일이 매일 반복되고, 아이는 점차 체벌에 익숙해진다. 물론 교사는 자기가 잘하고 있다고 생각한다. 확실히 이와는 다른 방법을 사용해야 한다. 아이들은 공부를 좋아하고 교사와 좋은 관계를 맺어야 한다. 이 주제에 대해 나는 다소 길게 논의했다. 잘못된 관행이지만 너무나도 널리 퍼져 있어서 아무도 반론을 제기하지 않기 때문이다.

교사가 학생들에게 짐짓 아버지다운 태도를 보이는 것은 유익하다. 이렇게 행동하면, 학생들은 좀 더 열의를 갖고 학습에 임할 것이다. 반면에 교사는 가르치는 일의 지루함을 덜 수 있을 것이다. 사랑은 모든 난관을 극복할 것이다. 옛말에 좋아함은 비슷함에서 나온다고 했다.[127] 다시 말해 교사가 학생들의 사랑을 받으려면 다시 어린 아이가 되어야 한다는 것이다. 그렇다고 아이들의 교육을 처음부터 늙어빠진 노인네들에게 맡겨서는 안 된다. 그네들은 진실로 아이들처럼 군다. 노년의 자연스러운 결과로서 아이들처럼 말을 더듬기도 한다. 나는 한창 젊은 나이의 교사가 아이들의 교육을 담당하는 것이 좋다고 생각한다. 이러한 교사는 아이들을 멀리하지 않고 흔쾌히 자신의 소임을 다한다. 교사는 학생들의 지적인 발달을 안내하면서 부모와 유모들이 신체적인 성장을 돕기 위해 따랐던 원칙들을 염두에 두어야 한다. 이를테면 아이가 말을 배울 때 교사는 어린애 투로 말하면서 모방을 통

127 에라스무스, 『격언집』, I ii 26.

해 가르쳐야 한다. 아이가 먹는 것을 배울 때 교사는 아이에게 우유가 듬뿍 담긴 잘게 부순 죽을 먹여야 한다. 소화가 쉬운 부드러운 음식만을 아이의 입에 천천히 넣어 주어야 한다. 아이가 걸음마를 배울 때 교사는 몸을 구부린 채 아이와 보조를 맞추어 걸어야 한다. 처음에는 아이가 적은 양의 선별된 음식만을 먹어야 한다. 그러나 시간이 지남에 따라 점차 영양가 있는 건더기 음식을 섭취해야 한다. 초기에는 우유와 크게 다르지 않은 매우 자연스러운 음식을 아이에게 주어야 한다. 이때도 먹는 양이 너무 많으면 아이는 숨이 막히거나 구토를 하여 옷을 더럽힌다. 아이는 천천히 조금씩 먹을 때 비로소 흡족해한다. 입구가 좁은 용기에 물을 채울 때도 이와 똑같은 일이 벌어진다. 물을 너무 많이 넣으면, 용기는 넘쳐흐를 것이다. 용기를 채우기 위해서는 물을 조금씩 천천히 부어야 한다. 물론 속도는 느리겠지만, 용기에는 물이 가득찰 것이다. 음식과 물을 조금씩 천천히 먹여야만 아이의 몸에 영양이 바르게 전달되는 것처럼, 공부도 점진적이고 놀이를 동반해야 아이의 마음이 학습의 견고한 과정에 적응할 것이다. 이렇게 행동하면 피곤하지 않다. 천천히 쌓아가는 과정에서 피로란 있을 수 없기 때문이다. 그러면서도 가장 눈부신 개가를 올릴 수 있다. 예컨대 우리는 송아지를 등에 업고 매일 일정 거리를 뛰어다닌 운동선수[128]의 이야기를 듣는다. 그는 송아지가 황소로 자란 뒤에도 자신의 몸에 무리를 주지 않고 이 일을 계속 할 수 있었다. 들고 뛰는 송아지의 무게가 매일 감지할 수도 없을 만큼 조금씩 늘어났기 때문에 가능한 일이었다. 그러나 우리 주변에는 아이들이 짧은 시간 안에 어른이 되기를 바라는 사람들이 있다. 유년기의 한계 따위는 전혀 아랑곳하지 않는다. 아이들의 능력도 고려하지 않기는 마찬가지이다. 단지 어른의 관점에서 생각할 뿐이다. 그러다보니 학생들에게 필요 이상의 압력을 가하고, 진력으로 공부할 것을 요구하고, 기대치를 충족하지 못하면 이맛살을 찌푸린다. 자기들도 한때는 어린 아이에 불과했었다는 사실을 까맣게 잊고는 아이들을 마치 어른 다루듯 한다. 소 플리니우스[129]가 엄격한 학교교사에게 던진 충고 한 마디는 참으로 옳았다. "당신 학생이 아직 어린 아이에 불과하다는 사실을 유념하시오. 그리고 당신도 한때는 어린 아이였음을 잊지 마시오." 오늘날 많은 교사들이 학생들에게 너무나도 잔인하게 군다. 그래서 우리는 그러한 교사들이 자기 자신들도 학생들도 모두 인간이라는 사실을 망각하고 있는 것은 아닌지 되묻게 된다.

지금부터 나는 어떤 종류의 학습이 어린 마음에 적합하고 아이들이 배우면 좋은지를 설명할 것이다. 우선 고대의 언어들이

128 밀로. 앞의 주, 91. 이야기의 출처는 퀸틸리아누스 1.9.5이다.

129 소 플리니우스, 『서간집』, 8.12.

다. 이러한 공부는 어른들에게는 참으로 수고스러운 일이지만, 아이들에게는 그다지 어려운 것이 아니다. 앞에서도 말했듯이, 아이들은 선천적으로 따라하려는 욕구(찌르레기와 앵무새의 본능이기도 한)가 커서 언어 학습에 흥미를 느낀다. 당신은 고대인들의 우화보다 재미있는 것이 있다고 생각하는가? 그들의 이야기를 듣다보면 아이들은 어느새 마법에 걸린 듯 하며, 어른들도 많은 이득을 취할 것이다. 언어 공부는 말할 것도 없고, 유익한 삶의 안내자요 유용한 어휘의 보고로서 말이다. 어린 소년이 이솝의 이야기(우화를 가장해 도덕적 교훈을 전달하는)보다 듣고 싶은 것이 있을까? 다른 고대 작가들의 이야기들도 이롭기는 마찬가지이다. 아이에게 오디세우스의 동료들이 키르케의 마술에 걸려 돼지로 변했다는 이야기를 들려주면 그는 처음에는 재미있다고 생각한다. 그러나 그는 또한 이러한 이야기로부터 이성의 안내를 거부하여 정념의 노예로 전락한 사람들은 인간이라기보다는 금수에 가깝다는 철학의 근본 원리 하나를 배운다. 아마도 스토아 현인은 이러한 진리를 정색을 하고 설교하겠지만, 고대의 작가들은 해학적인 이야기를 통해 가르친다.

나는 자명한 사실을 길게 설명함으로써 당신의 시간을 낭비하고 싶지 않다. 그러나 고대의 전원시란, 이보다 기품 있는 것이 있을까? 고대의 희극보다 재미있는 것이 있을까? 희극의 정수는 성격 묘사에 있다. 등장인물의 사람됨은 어린 아이들과 무지한 범부의 마음속에도 깊은 인상을 남긴다. 또, 유머를 빙자해 꽤나 많은 도덕적 가르침을 전해준다. 다음으로, 아이들은 다양한 사물의 명칭을 익혀야 한다. 놀랍게도 많은 사람들이, 심지어 학문으로 이름 높은 사람들까지 주변 사물들의 이름에 어둡다. 마지막으로, 어린 아이들에게 짧고 예리한 경구들(속담과 유명 인사들의 격언을 망라하여)을 가르쳐야 한다. 이것이 평범한 사람들에게 도덕적 교훈을 전해주는 유일한 방법이다.

음악, 산술, 지리와 같은 교과들에서는 어려서부터 재능이 남다른 아이들이 종종 있다. 학생들 중에는 문법과 수사학은 어려워하면서도 다른 난해한 학문들에는 소질을 보이는 경우가 있다. 그러므로 아이들 각자의 타고난 능력과 자발적 성향을 따르는 일이 중요하다. 언덕 아래로 내려가기는 쉬어도, "미네르바[130]의 의지에 반해 말하고 행동할 수는 없다." 내가 알고 지낸 한 소년은 말을 배우기도 전에 책을 펼쳐 놓고 읽는 흉내를 냈다. 그는 몇 시간이고 지루한 기색 없이 책 앞에 앉아 있었다. 아무리 심하게 울어도 눈앞에 책만 가져다 놓으면 울음을 그쳤다. 부모들은 이런 아들이 장차 훌륭한 학자로 성장할 것이라고 자연스레 생각했다. 히에로니무스라는 소년의 이름도 이러한 기대를 불러일으키기에

130 에라스무스, 『격언집』, I vi 18.

충분했다. 나는 그의 근황을 모른다. 어른이 되고는 소식이 끊어졌다.

아이들이 말을 잘하는 어른들 틈에서 자라나면 언어를 배우기가 한층 수월하다. 아이들은 또한 이야기와 우화를 시각적인 형태, 즉 내용을 삽화로 내보이고 이야기를 그림으로 제시하면 훨씬 열심히 배우고 쉽게 기억한다. 이것은 아이들에게 나무, 식물, 동물들의 명칭과 특징을 가르칠 때도 유효한 방식이다. 특히나 코뿔소, 아프리카 영양[131], 펠리컨, 인도 나귀, 코끼리와 같은 희귀한 동물들을 설명할 때 효과가 크다. 예컨대 "코끼리가 뱀에 휘감겨 있는 그림"[132]은 아이들의 흥미를 대번에 끈다. 이때 교사는 학생들에게 이 커다란 동물을 그리스어로 '엘레판타'로 부르고, 라틴어로도 똑같이 부른다('엘레판토스'나 '엘레판티'와 같은 어형 변화를 제외하면)는 사실을 가르친다. 그러고는 코끼리가 음식을 집어 올리는 데 사용하는 몸의 일부를 그리스어로 '프로보스키다', 라틴어로 '마눔'으로 부른다고 가르친다. 더해서 코끼리는 우리와 달리 입이 아닌 코로 숨을 쉰다는 사실을 가르친다. 코의 양쪽으로 튀어나와 있는 한 쌍의 어금니에도 주목하여 이것들이 부자들의 애호

131 '봉고'로도 불린다. 플리니우스, 『자연사』, 8.12.

132 플리니우스, 『자연사』, 8.33–34.

품인 상아의 원재료라고 말하면서 상아빗을 꺼내 보여준다. 한편 교사는 학생들에게 그림의 뱀이 인도산이며, 뱀을 가리키는 그리스어와 라틴어는 모두 '드라코'임을 밝힌다. 다만 라틴어 자체의 어형 변화로 인하여 그리스어로 '드라콘토스'('레온토스'의 형식을 따라서)가 되고, '드라코'의 여성형은 '드라카이나'('레아이나'처럼)가 된다. 이러한 세세한 내용들 중에 뱀과 코끼리는 본능적으로 항상 서로를 적대시한다는 사실을 알려준다. 똑똑한 아이라면 이 한 장의 그림을 통해 코끼리와 뱀에 관한 다른 많은 사실들도 함께 배울 것이다. 아이들 대부분은 사냥 장면을 묘사한 그림들을 좋아한다. 교사는 이러한 그림들에 나타난 갖가지 나무, 식물, 새와 동물들을 우연을 가장해 가르친다. 나는 추가적인 예를 들지 않을 것이다. 이 경우에는 한 가지 예로 일반적인 개념만 형성하면 된다.

당연히 교사는 교육내용의 선정에 주의를 기울여야 한다. 학생들에게 알맞고 적절하고 재미있는 내용만을 제공해 이른바 삶의 만개를 도와야 한다. 어린 시절은 향긋한 꽃들이 들판을 수놓는 인생의 봄철이며, 뒤이어 곡식을 거두는 성년의 수확기가 찾아온다. 봄에 농익은 포도를 찾는 것은 가을에 장미를 찾는 것만큼이나 어리석은 짓이다. 마찬가지로 교사는 삶의 각 발달 단계에 적합한 것이 무엇인지를 살펴야 한다. 명랑함과 매료됨이 어린 시절의 특징이다. 모든 학습에서 따분함과 불쾌감을 제거하라. 이러한 생각에서 고대인들은 학예의 여신을 유쾌한 풀밭에서 즐거움을 만끽하는 찬란한 아름다움, 노래, 춤으로 묘사했고, 나아가 미의 세 여신을 동무로 주었다. 고대인들은 학습에서의 성공은 기본적으로 학생과 교사 간의 선의의 관계에 달려있다고 믿었다. 이것이 고대인들이 문학 공부를 "인간학"이라는 부른 이유이다.

그러나 즐겁다고 쓸모가 사라지는 것은 아니며, 기쁨을 향유한다고 온전함을 잃는 것도 아니다. 오히려 이러한 특질들이 한데 어우러졌을 때 아이들은 지루한 줄 모르고 학문의 이로움을 맛본다. 아이들은 바보스럽고 저속한 유행가사, 어리석은 늙은 과부의 이야기, 각종 여성 패담들만큼이나 유쾌한 이야기, 재치 있는 경구, 기억할만한 역사 사건, 지혜로운 우화들도 어렵지 않게 습득한다. 우리가 어른이 되어서도 여전히 기억하는 잡동사니들, 즉 요상한 꿈, 무의미한 수수께끼, 유령·귀신·망령·올빼미·흡혈귀·악귀·요정·악마 등에 대한 바보 같은 시구들을 생각해 보아라. 우리는 대중적인 동화책에나 나오는 그러한 볼썽사나운 거짓말들과 터무니없고 외설적인 이야기들을 어린 아이였을 때 할아버지나 할머니 무릎 위에서, 또는 물레질하는 보모와 소녀들 틈에서 장난치고 놀면서 배웠다.

우리가 바보 같은 시칠리아 농담들[133]보다도 경박하고 해로운 잡동사니들을 대신하여 내가 위에서 제안한 내용을 당장에 배웠다면 참으로 많은 지식을 축적했을 것이다. 이렇게 말하면, 당신은 "그러나 어떤 학자가 자기를 낮춰 [아이를 가르치는] 단순하고 유치한 일을 하겠어요?"라고 반문할지도 모른다. 내 답변은 위대한 철인 아리스토텔레스[134]가 알렉산더 대왕을 교육하는 번거로운 일을 수락했고, 키론[135]과 피닉스[136]는 아동기의 아킬레우스를 차례대로 지도했으며, 최고의 제사장 엘리도 사무엘[137]을 양육했다는 것이다. 요즘에는 돈벌이 아니면 단순히 재미로 앵무새나 까마귀를 공들여 훈련시키는 사람들이 있다. 그리고 종교적 신실함으로 오랫동안 순례를 떠나거나 대단한 고행을 실천하는 사람들이 있다. 그런데 왜 이러한 종교적 신심이 하느님을 가장 기쁘게 하는 일인 우리 아이들의 교육에는 미치지 못하는 것일까? 교사의 거칠고 부담스러운 성정은 우리가 제안하는 교육에 적합하지 않다. 교사는 어느 한 극단으로 치닫기보다는 마음씀씀이가 세세하고 끈덕진 구석이 있어야 한다. 그러한 끈기에 절제가 가미되고 다양함으로 매력을 더했을 때, 간단히 말해 가르치는 일에

133 에라스무스, 『격언집』, II iii 10.

134 플루타르코스, 『영웅전』, 알렉산더 7.

135 키론은 반인반마의 괴물이었다. 의학, 음악, 궁술에 뛰어났다. 그는 펠레우스, 아킬레우스, 헤라클레스, 이아손과 같은 그리스 신화에 등장하는 위대한 영웅들을 가르쳤다.

136 아르고스의 왕 아민토르의 아들. 아킬레우스의 교사였다. 그는 트로이에서 그리스인들과 싸웠다.

137 『사무엘』, 전서 1:25.

서 고역의 흔적이 완전히 제거되어 학생들이 공부를 놀이의 일환으로 보았을 때 비로소 배움이 일어난다.

이제 나는 아이들에게 공부하고 싶은 마음을 심어줄 수 있는 방법에 대해 간단히 설명할 것이다. 이 문제는 앞에서도 이미 부분적으로 다루었다. 내가 말했던 것처럼, 우리는 연습을 통해 말하기 능력을 수월하게 획득한다. 다음은 읽고 쓰는 방법이다. 이것은 좀 지루한 일이지만 교사가 수완이 좋아 수업을 유쾌하게 진행한다면 무료함을 달랠 수 있다. 우리 주변의 아이들은 너무나도 힘들게 알파벳을 배우고 문법의 기초를 익힌다. 그러나 그런 아이들이 고등 지식은 손쉽게 이해할 수 있다. 고대인들의 주장대로 배움이 더딘 아이들에게 유익한 방법이 있다. 예컨대 고대의 교사들[138]은 아이들이 좋아하는 과자를 알파벳 모양으로 구워 놓고는 학생들로 하여금 문자들을 소위 집어먹도록 했다. 알파벳 글자를 바르게 식별한 학생에게 보상으로 그 글자 모양의 과자를 주었던 것이다. 교사들은 또한 상아를 문자 모양으로 깎아서 학생들에게 장난감으로 주거나, 어린 아이들의 관심을 불러일으킬 수 있는 다른 장치들을 마련하곤 했다. 영국인들은 활쏘기를 너

138 호라티우스, 『풍자시』, 1.1.25–26. 퀸틸리아누스, 1.1.26. 에라스무스, 『발음에 대하여』, CWE, 26 397, 400.

무나도 좋아해서 아이들에게 가장 먼저 가르친다. 그러므로 지혜로운 아버지는 아들이 활쏘기를 좋아한다는 사실을 간파하고는 한 쌍의 멋진 활과 화살 세트를 준비하여 그 위에다 온통 알파벳 글자들을 새겨 넣는다. 그러고는 과녁을 그리스어와 라틴어 알파벳 문형으로 만들어 세운다. 물론 그리스어 과녁부터 사용해야 한다. 만일 소년이 과녁을 명중시키고 그 과녁 모양의 문자를 올바르게 발음한다면, 그는 박수갈채에 더해서 아이들이 좋아하는 체리와 같은 것을 상으로 받을 것이다. 이러한 활쏘기 놀이를 실력이 엇비슷한 두 세 명의 소년들이 서로 경쟁하듯 벌인다면, 학습의 결과는 더욱 좋아질 것이다. 소년들은 승리의 희망과 불명예의 두려움 속에서 정신을 집중하여 열심히 시합에 임할 것이다. 소년은 이러한 방법을 통해 며칠을 재미있게 놀면서 글자를 구별하고 발음하는 것을 배운다. 이것은 대다수 교사들이 온갖 매질, 위협, 욕설을 일삼고도 3년 동안 이룰까 말까 한 성과이다.

그러나 나는 교사들이 이러한 방법들에 너무 의존하거나, 이를 빙자해 사행성 오락인 체스[139]나 주사위 놀이에 탐닉하는 것

139 원어는 "훔치는 놀이"이다. 단순한 형태의 체스 또는 체커 게임이다. 16개의 흰색 돌과 16개의 검은색 돌로 패를 구성한다. 흰 패와 검은 패 각각 16개의 돌을 큰말과 작은말로 나눈다. 큰말은 한 번에 몇 칸을 훔칠 수 있는 반면에 작은말은 한 번에 단지 한 칸만을 훔칠 수 있다. 이 놀이는 고

에 반대한다. 그러한 놀이들은 아이들의 능력 너머에 있다. 그런데 어떻게 그들을 가르치는 방법으로 사용할 수 있겠는가? 아이들 머리의 짐을 덜어주기는커녕 오히려 지적인 부담을 가중시킨다. 나는 너무 복잡한 기법을 사용하는 데도 비판적이다. 결과의 달성을 늦추기 때문이다. 예를 들어 기억 연상 장치는 실제로 쓸모가 있다기보다 개인적인 이익이나 명성에 이바지할 뿐이다. 사실은 기억력에 매우 해로운 영향을 미친다. 어떤 것을 기억하는 가장 좋은 방법은 기억할 내용을 철저하게 이해하여 차례대로 배열해 놓고는 반복해서 익히는 것이다.

아이들의 마음에는 승리와 경쟁의 동기뿐만 아니라 불명예의 두려움과 칭찬받으려는 욕구도 깊이 뿌리박혀 있다. 특히 지적인 능력이 탁월하고 활력이 넘치는 아이들이 그러하다. 교사는 이러한 내적 동인들을 활용해서 아이들의 교육을 성공적으로 이끌어야 한다. 교사가 간청, 격려, 칭찬, 보상 등의 방법을 사용하고도 학업상의 진전을 이루지 못한다면 학생들 간의 경쟁을 통해 창피를 주는 방안을 강구해야 한다. 게으른 학생은 동료 학생들이 칭찬받는 소리를 들어야 한다. 교사의 훈계에는 귀를 막고 있는 소

대에 기원을 두지 않는다. 중세 말부터 르네상스 동안 매우 인기가 있었다. 에라스무스, 『발음에 대하여』, CWE, 26 400.

년도 동년배들과의 경쟁심이 발동하면 부지런을 떨 것이다. 승리의 월계수가 모든 것이 되어서는 안 된다. 패자에게도 열심히 노력하면 언제든 지금의 수모를 씻어낼 수 있다는 희망이 있어야 한다. 이것이 전쟁터에서 장군들이 병사들을 다독이는 방식이다. 가끔씩은 학생의 마음속에 불가능한 승리에 대한 환상도 심어주어야 한다. 요컨대 헤시오도스의 표현[140]대로 교사는 칭찬과 꾸지람을 번갈아 사용하면서 학생들의 마음에 선의의 경쟁심을 불러일으켜야 한다.

준엄한 성품에 아이들과 뒤섞여 지내는 것을 망설이는 사람이 있다. 그런데 바로 그러한 사람이 종종 아무렇지도 않게 애완용 강아지나 원숭이와 놀아주고, 앵무새나 까마귀와 잡담을 나누고, 어릿광대와 농지거리를 한다. 내가 말했던 놀이의 방법들은 진지한 목적에 기여한다. 놀랍게도 사람들은 이러한 방법을 제대로 활용하지 못한다. 그 자체로는 하고 싶지 않은 일들도 최선을 다하려는 마음과 성공에 대한 희망이 생기면 매력적이 된다. 문법의 처음 단계들은 다소 유쾌하지 못하고 재미보다는 불가피한 측면이 강하다. 그러나 노련한 교사는 문법 수업이 야기하는 불쾌감을 상당량 떨쳐낼 수 있다. 우선 교사는 가장 쓸모 있고 간

140 헤시오도스, 『노동과 나날』, 11-12.

단한 규칙들만 가르쳐야 한다. 오늘날에 아이들은 한없이 추상적이고 난해한 문법 조항들로 고통을 받고 있다. 아이들은 글자의 모양을 알기도 전에 명칭부터 배우고, 나아가 명사와 동사의 어형 변화와 격·서법·시제 등을 강제로 암기해야 한다. 이를테면 명사의 소유격, 여격 단수형, 주격 복수 등으로의 변화와 동사의 서법에 따른 태와 시제 변화 등을 익혀야 한다. 그러다보니 학교는 그야말로 신음과 눈물의 바다로 변한다.

교사들 중에는 학식을 뽐내려고 가르치는 내용을 어렵게 치장하는 사람들이 있다. 이러한 잘못된 접근은 학습의 과정, 특히 논리학을 처음부터 한층 복잡하고 재미없게 만든다. 만일 당신이 이러한 교사들에게 간단한 방법이 있다고 말한다면, 그들은 자기들이 바로 그러한 방법으로 교육을 받았는데 요즈음 아이들은 과거보다 향상된 방법으로 교육을 받아야 하지 않겠느냐고 목청을 높일 것이다. 그러나 본래의 목적에 부합하지 않거나 나이에 맞지 않는 어려운 방법은 사용하지 말아야 한다. 어떤 일이든 적당한 시기에 해야만 진전이 있다. 만일 학습의 과정에 피치 못할 어려움이 있다면, 학생의 교육을 책임진 교사는 유능하고 인간미 넘치는 의사들의 예를 따라야 한다. 의사들은 어린 아이에게 쓴 약을 먹일 때 컵 가장자리에 꿀을 살짝 발라놓아(루크레티우스[141]의 전언에 따르면) 꼬마 환자가 단맛에 약을 삼키도록 한다. 아니면, 처음부터 약에 설탕이나 다른 달달한 물질을 섞어서 사실상 약이 아닌 것으로 위장한다. 어쨌든 구토는 종종 상상으로부터 일어난다. 그러므로 많은 양을 갑자기 한 번에 복용하기보다는 투여량을 서서히 조금씩 늘려서 부작용을 예방해야 한다.

그러나 어떤 어려운 일을 끝까지 완수해야 할 때, 우리는 아이들의 힘을 과소평가해서는 안 된다. 아이의 지구력은 물리적인 힘보다는 의지와 적성에 달려 있다. 아이의 힘은 황소보다는 개미의 힘에 가깝다. 코끼리도 어떤 때는 파리의 힘으로 제압당한다. 각 피조물의 힘은 자연이 부여한 성질에 따른다. 우리는 꼬마 녀석들이 잠시도 쉬지 않고 온종일 뛰어다니는 장면을 목격한다. 아이들은 매순간 놀라울 정도로 활동적이고 지겨운 기색이라곤 눈을 씻고 찾아보아도 없다. 위대한 밀로[142]도 이러한 소년들을 따라다녀야 했다면 곧 지치고 말았을 것이다. 아이들은 어째서 이러한가? 그 이유는 놀이와 아동기가 불가분의 관계에 있고, 아이가 신체 활동을 수고라기보다는 놀이로 여기기 때문이다. 우리가 어떤 것을 싫어할 때 그것은 주로 상상력의 산물이다. 실제로는 잘못된 것이 하나도 없는데도 우리는 종종 상상만으로 그러한 분위기를 만들어 낸다. 자연이 아이들의 부족한 힘을 상상력으로

---

141 루크레티우스, 1.936 이하.

142 앞의 주, 91, 128.

채우려 했기 때문에, 앞에서도 말했듯이 교사의 임무는 이러한 〔싫은〕 감정들이 자리 잡지 못하게 하고 학습의 과정에 놀이의 외양을 입히는 것이다. 심지어 학생들이 고등지식을 탐구하는 단계에 이르러 부단한 노력과 연습이 필요할 때에도 아이들에게 적합한 놀이들은 여전히 있으며, 이것들을 통해 아이들은 공부에 대한 중압감에서 간간이 벗어날 수 있다. 이와 관련해 나는 글짓기, 번역(라틴어를 그리스어로 옮기거나, 혹은 그 반대로), 지리 공부 등을 권한다. 그러나 가장 중요한 것은 학생이 교사를 마음으로부터 따르고, 인문교양을 귀하게 여기고, 불명예를 두려워하고, 칭찬을 받고자 노력하는 것이다.

내가 대답할 마지막 반론이 남았다. 한 학생이 3·4년 동안 얻은 이득이 가르치는 일의 노고와 지출한 비용에 비하면 아무 가치도 없다는 것이다. 그러나 이러한 주장을 펼치는 사람들은 아이들의 이익보다는 가정교사에 들어가는 돈을 우선적으로 고려하는 것 같다. 나는 아들의 교육이 경각에 달렸는데 비용 운운하는 사람은 아버지의 자격이 없다고 생각한다. 가정교사를 들이지 않으려고 아이의 삶을 몇 년이고 낭비하는 것은 우리 자신의 어리석은 탐닉이 아닐 수 없다. 퀸틸리아누스[143]도 부정하지 않았

143 퀸틸리아누스, 1.1.19.

듯이 아이는 태어나서 처음 3·4년보다 나중에 1년 동안 더 많은 것을 배울 것이다. 그러나 우리는 유년기의 소득이 아무리 적어도 배움 자체가 최고로 가치 있는 일이기에 그러한 결과를 과소평가해서는 안 된다. 비록 성과가 보잘 것 없어도 아이들은 아무것도 배우지 않거나, 또는 나중에 잊어야 할 것을 배우는 것보다 학습에 참여하는 것이 여전히 좋다. 말문이 트인 아이들의 경우 바쁘게 지내는 것이 가장 좋지 않을까? 아이들은 항상 무엇인가를 하지 않으면 안 된다. 유년기에 배운 내용이 얼마 되지 않아도 그것을 온전히 자기 것으로 만든 아이는 나중에 높은 단계의 학습(그렇지 않았다면 여전히 초보적인 수준에 머물러 있어야 하겠지만)으로 나아갈 수 있다. 퀸틸리아누스[144]의 말대로 "한 해 두 해 쌓인 지식이 종국에는 거대한 산을 이루고, 아동기에 벌어둔 시간은 청소년기에 이롭게 사용될 것이다."

내가 여러 번 말했듯이 나중에는 많은 노력이 필요한 것들도 어려서는 쉽게 배울 수 있다. 배움에도 때가 있다. 학습의 처음 단계들은 사소해 보여도 매우 중요하다. 어려서부터 완벽하지는 않더라도 그리스어와 라틴어에 대한 기호를 형성하고 폭넓은 어휘와 읽고 쓰는 능력의 토대를 다지는 것은 아이의 지적 발달에 대

144 퀸틸리아누스, 1.1.19.

단히 유용하다. 이보다 가치가 떨어지는 일을 하면서도 우리는 조그마한 진전이라도 있으면 부끄러워하기는커녕 가슴 뿌듯해 한다. 나는 이것이 고대 그리스인들이 말한 "진보"의 참 뜻이라고 생각한다. 용의주도한 장사꾼은 1페니의 이윤도 가볍게 여기지 않는다. 그 자체로는 얼마 되지 않아도 쌓이면 나중에 큰돈이 된다고 생각한다. 티끌 모아 태산인 셈이다.[145] 구리세공업자들은 동이 트기 전에 일어나 하루의 시간을 벌고, 농부들은 축제날 집에서 농사일을 미리 준비함으로써 평일에 보다 많은 일을 한다. 시간은 우리의 가장 소중한 자산이며, 교육만큼 가치 있는 일도 없다. 그런데도 우리는 아이들이 유년기의 4년을 허송세월하는 것을 아무 것도 아니라고 말할 수 있겠는가? 우리는 끝이 없는 일을 시작할 때 빠르다고 말해서는 안 된다. 살아있는 동안에는 새로 배워야 할 것이 언제나 있다. 다른 문제들에서는 열심히 노력하면 게을러서 잃어버렸던 것도 되찾을 수 있지만, 잃어버린 시간만은 그렇게 할 수 없다. 한 번 지나간 시간은 어떤 마법으로도 되돌릴 수 없다. 너무나도 빨리 날아가 버렸다. 시인들은 현실에는 없는 불로의 샘을 노래하며 제2의 청춘을 공언하고, 의사들은

145 앞의 주, [도입] 2.

젊음을 되돌려주는 신비로운 물질[146]을 거론하며 노인들을 현혹한다. 낭비한 시간을 되살리는 처방은 없다. 우리는 최선을 다해 세월을 경작해야 한다.

특히 태어나서 처음 몇 해가 중요하다. 이 시기에 아이를 돌보는 일에 가장 주의를 기울여야 한다. 헤시오도스[147]는 술병이 가득 차 있거나 거의 바닥을 드러낼 때는 아껴 마시는 일이 무의미하다고 말한다. 왜냐하면 가득 차 있을 때는 아직 그럴 필요가 없으며, 바닥을 드러낼 때는 이미 늦었기 때문이다. 술병이 절반 정도 비었을 때 정신을 차려야 한다. 그러나 인생에서는 처음부터 시간을 아껴 써야 한다. 귀한 술이 절반도 안 남으면 조금씩 아껴 마시는 것처럼, 아동기의 시간도 소중히 여겨야 한다. 아동기야말로 잘만 보낸다면 인생의 황금기이다. 그렇지만 아동기는 인생의 다른 시기에 비해 너무나도 빨리 지나간다. 꼼꼼한 농부라면 자기 땅의 어느 한 귀퉁이도 놀리지 않을 것이다. 곡식을 재배할 수 없는 땅에는 묘목을 가져다 심거나, 방목지로 전환하거나, 아니면 시장에 내다 팔 꽃을 재배한다. 상황이 이러한데 우리 인생 최고

---

146 직역하면, 제5원소이다. 중세 연금술사들에 따르면, 흙, 물, 공기, 불보다 가벼운 가장 미세하고 널리 미치는 원소이다. 한 마디로 완벽한 물질이다.

147 헤시오도스, 『노동과 나날』, 368–369.

의 시간을 인문교육의 열매를 맺는 것 없이 헛되이 보내서야 되겠는가? 새로 갈아엎은 땅에는 반드시 작물을 재배해야 한다. 그렇지 않으면 곧 휴경지가 되어 엉겅퀴만 무성할 것이다. 땅에는 농작물이 아니라도 무엇이든 자라기 마련이다. 마찬가지로 어린 아이의 마음도 가능한 한 일찍부터 좋은 결실을 맺는 가르침을 받지 못한다면 얼마 지나지 않아 도덕적인 실패로 뒤덮일 것이다. 항아리[148]에는 처음 담았던 액체의 향이 가장 오래가는 법이다. 그 냄새를 지우기도 매우 어렵다. 그러나 새로운 용기에는 어떤 액체를 담아도 무방하다. 마음에 좋은 씨앗을 뿌렸다면 나중에 좋은 결실을 맺을 것이나, 소홀했다면 뽑아 없애야 할 잡초만 무성할 것이다. 잃지 않는 것이 얻는 것이요, 악을 피하는 것이 덕으로 가는 큰 걸음임을 명심하라.

더 이상의 논의가 필요한가? 아직도 아이들이 어려서부터 좋은 교육을 받는 것이 얼마나 중요한지를 깨닫지 못했단 말인가? 고대인들이 한창 젊은 나이에 이루었던 업적들을 생각해 보고, 그러한 성과들을 학문을 한답시고 나이만 먹어가는 우리 동시대인들의 무기력함과 비교해 보아라. 오비디우스[149]는 아직 젊었을

148 에라스무스, 『격언집』, II iv 20.

149 오비디우스가 『비가』의 첫 판을 언제 출판했는지는 불분명하다. 학자들은 빠르게는 기원전 25년으로 추정하고 있다. 오비디우스의 나이 열여덟

때 연가를 저술했다. 오늘날에 어느 누가 노년에 이르도록 그러한 것을 지을 수 있단 말인가? 루카누스의 작품들[150]은 이 젊은이의 천재성을 보여준다. 당신은 그 시인의 재능이 어디에서 왔는지를 물을 것이다. 그렇다, 그는 생후 6개월쯤에 로마로 이주해 당대 최고의 교사들인 팔라이몬[151]과 코르누투스[152]에게 배웠다. 이 시절 동급생으로는 바수스[153]와 페르시우스[154]가 있었다. 훗날 바수스는 역사가로, 페르시우스는 사회풍자가로 유명세를 떨쳤다. 결국은 유년기의 남다른 교육이 젊은 사람의 박식함과 놀랄만한 학문, 그리고 청중을 사로잡는 웅변술의 비밀을 설명한다. 이러한

이었다.

150 루카누스(39–64). 『내란기』의 저자. 폼페이우스와 율리우스 카이사르 간의 내전을 읊은 서사시. 루카누스는 네로 황제 음모사건에 연루되어 자살했다.

151 로마의 문법학자(20–50). 해방노예. 문법에 대한 광범위한 논고를 저술한 최초의 사람이었다. 후대의 문법학자들에게 영향을 미쳤다. 팔라이몬이 어린 루카누스를 지도했다는 확실한 증거는 없다. 그러나 상당히 그럴듯한 가정이다. 『루카누스 전기』는 이 시인이 소년기와 청년기에 로마에서 가장 뛰어난 교사들의 가르침을 받았다고 전한다.

152 문학자이자 스토아 철학자(20–70?). 루카누스를 죽음으로 내몰았던 66년 피소의 네로 음모사건에 가담했다가 유배되었다. 『페르시우스 전기』는 루카누스와 페르시우스가 코르누투스 밑에서 함께 공부했다고 말한다.

153 아우피디우스 바수스. 동시대 유명한 서정시인 카이시우스 바수스와 다른 인물이다. 퀸틸리아누스 10.1.103에 나온다.

154 페르시우스(34–62). 여섯 편의 풍자시를 썼다.

특질들이 한데 모여 뛰어난 시인만큼이나 최고 웅변가의 솜씨로 시를 빚어냈다.

우리 시대에도 좀 드물기는 하지만 교육을 잘 받아 고대인들에 버금가는 성공을 거둔 사람들이 있다. 이러한 사람들에는 남녀 구분이 없다. 폴리지아노[155]는 어린 카산드라[156]의 학식을 찬미했다. 오르시니[157]는 불과 열한 살 소년일 때 천재성을 드러내 우리를 놀라게 했다. 폴리지아노는 수려한 필치의 편지로 이 어린 천재에 대한 기록을 후세에 남겼다. 오늘날 글의 논리나 문법상의 오류 없이 두 장의 편지를 두 명의 비서에게 동시에 받아쓰게 할 수 있는 사람이 있을까? 그러나 오르시니는 아무런 준비 없이 즉석에서 제안한 주제를 가지고 무려 다섯 통의 편지를 동시다발적으로 받아쓰게 하였다. 이러한 신기를 옆에서 지켜본 사람들은

155 이탈리아의 인문주의자(1454–1494). 마리오 코센차의 『이탈리아 인문주의자들 참고문헌 사전』(보스턴, 1962–1967) 373–374를 참조하라.

156 베네치아의 카산드라 페델레(1465–1558). 오랫동안 이탈리아 인문주의 운동의 중심에 있으면서 많은 저명한 인사들과 교류했다. 사람들은 카산드라의 문학적 재능을 높이 평가했고, 그녀의 편지들과 연설문들은 오늘날까지 전해진다(코센차, 186). 보충 설명은 폴리지아노의 『문집』을 참조하라.

157 파비오 오르시니. 파올로 오르시니의 아들. 학자와 법률가와 장군을 여럿 배출한 집안. 어른이 되기 전에 요절했다. 에라스무스가 말한 폴리지아노의 편지는 피코 델라 미란돌라가 수신인이다(『서간집』, 12.2).

이 소년이 초인적인 마력을 가지고 있다고 생각했다. 실제로 그럴지도 모른다. 그러나 마력도 아이가 어려서부터 학식과 덕과 양심을 고루 갖춘 교사의 지도를 받아야만 생긴다. 당신의 아이가 유년기 동안 가장 훌륭한 학자들로부터 최상의 교육을 받아야만 기적도 일어난다는 말이다. 알렉산더 대왕은 그러한 방법을 통해 아직 어렸을 때 수사학과 철학을 정복했다. 전쟁과 권력에 대한 집착이 지적인 노력을 가로막지 않았던들 이 위대한 왕은 최고의 철인 반열에 올랐을지도 모른다. 율리우스 카이사르도 어린 시절에 수사학과 수학을 공부하여 대다수 로마 황제들은 말할 것도 없고 키케로, 베르길리우스, 호라티우스에 버금가는 실력을 갖추었다. 이들은 모두 젊은 시절에 학식과 웅변술 모두에서 탁월함을 보였는데, 이유인 즉 어린 시절부터 부모와 유모들로부터 올바르게 말하는 방법을 익히고 점차 나이가 들어감에 따라 자유학예와 여러 학문들(시학, 수사학, 고현대사, 수학, 지리학, 윤리학, 정치학, 자연과학)의 기초를 다졌기 때문이다.

그렇다면 오늘날은 어떠한가? 우리는 아이들을 사춘기가 지날 때까지 집에 붙들어 놓는다. 그러다보니 아이들은 나태와 사치와 욕정의 노예로 전락하고 나서야 뒤늦게 학교라는 곳에 간다. 학교에서 아이들은 기껏해야 피상적인 문법 조각 몇 개를 주워듣고, 명사와 형용사의 어형 변화와 어구의 일치를 배우기가 무섭게 문법 수업을 마친다. 그러고는 논리학의 혼돈 속으로 들어가 일찍이 습득했던 올바른 말하기 능력까지 잃어버린다. 내가 학교를 다녔을 때는 상황이 더욱 나빠서 학생들은 아무짝에도 쓸모없는 "의미 형태"와 단어의 "용법"을 공부하느라 진땀을 흘렸다.[158] 정작 얻는 것이라곤 형편없는 말하기 습관뿐이었다. 그 시절 교사들은 소년들에게나 적합한 것을 가르친다는 핀잔이 두려워 문법을 복잡한 논리학과 형이상학을 동원해 추상적으로 만들었다. 이런 교사들의 행태는 정말이지 앞뒤가 맞지 않는 것이었는데, 문법의 단계를 지나 고등 지식까지 탐구하고 나서 도로 문법을 공부하라는 말과 진배없었기 때문이다. 오늘날 우리의 똑똑한 신학자들도 이와 유사한 행동을 보인다. 그들은 영예의 월계관을 쓰고 나서 돌연 아동용 교리서를 펼쳐놓고 그 안에 자기들이 무시할 수 없는 내용이 담겨 있다고 주장한다. 물론 나는 그들의 행동을 비난하지 않는다. 지식의 기초는 늦게라도 배우는 것이 좋다. 그러나 갈란드 존[159]의 2행시를 세세하고 장황하게 어린 학생들에

158 '의미 형태'와 '용법'은 중세 문법학자들이 아리스토텔레스의 논리학을 문법 학습에 적용하면서 들여온 개념들이다. 두 개의 단어가 동일한 관념을 표현한다면 동일한 의미 형태를 가진다고 말할 수 있다. 예를 들어 "나는 걷는다"(동사)와 "걷기"(명사)는 동일한 의미 형태를 나타낸다. 그러나 존재 형태는 다르다. 명사는 존재의 정적인 형태를 동사는 동적인 형태를 보여준다. 한편 '용법'은 단어의 통사적 기능을 지칭하는 말이다.

159 영국 태생의 학자이자 시인(c.1195). 13세기 전반기 동안 파리대학에서 가르쳤다. 다작의 저술가로 문법과 수사학을 주제로 다섯 권의 책을 썼

게 설명하면서 야단법석을 떠는 꼴이란! 멍청한 시구들을 받아쓰고, 반복하고, 자세히 들여다보면서 허비하는 시간이란! 나아가 플로리스타[160]와 플로레투스[161]를 암기하는 짓이란! 나는 알렉산더 갈리쿠스[162] 정도면 그나마 양반이라고 생각한다. 너무나도 많은 시간을 논리를 가장한 궤변과 무익한 복잡성에 낭비한다. 마지막으로 각 교과를 가르치는 방법이 혼란을 부추기고 볼썽사납다. 교사는 자신의 학식을 자랑하기 바쁜 나머지 학생들의 머리를 처음부터 어렵고 사소한 내용들로 가득 채운다. 확실히 어려운 것은 그 자체로 미덕이 아니다. 멀리서 겨자씨를 바늘구멍을 통과해서 맞추는 것처럼 마냥 정교하나 하등의 쓸모도 없다.[163] 아니면, 카시오트의 매듭[164]처럼 매었다 풀었다를 반복하는 수고

고, 다섯 편의 시를 남겼다. 『파리시학』은 16세기까지도 교과서로 사용되었다. 현대 번역판으로는 롤러의 『갈란드 존의 파리시학』(예일대학출판부, 1974)이 있다.

160 15세기 운문 문법서.

161 15세기 기독교 신앙과 도덕의 작시법.

162 빌라 데이의 알렉산더. 13세기 노르망디 태생의 문법학자. 6보격 시구로 지은 라틴어 문법서 『독본』은 교과서의 표준을 이루었다.

163 『마태복음』 13:31-32, 17:20과 『누가복음』, 13:19를 섞어서 인용. 특히 『마가복음』 4:31-32와 『누가복음』 18:25.

164 카시오티스는 이집트 하류 지역의 도시였다. 카시오트의 매듭이라는 불분명한 표현은 에라스무스의 『격언집』, II v 34를 참조하라. 잘 알려진 표현은 알렉산더가 단칼에 베었다는 고디안의 매듭을 자르는 것이다.

스럽지만 무익하고 복잡한 과제일 뿐이다.

더군다나 이러한 교과들을 잘못 교육받은 사람들(교육받지 못한 사람들은 차치하고도)이 가르치다보니 교사라는 자들이 게으르고 부도덕할 뿐만 아니라 돈에만 눈이 멀어 학생들의 복락은 안중에도 없다. 가르치는 일이 이런 지경이다 보니 요즘에는 노년에 이르도록 올바르게 교육받은 사람을 찾아보기가 힘들다. 인생 최고의 시간을 게으르게 허비하고 악습에 빠져 지내다보니 우리는 공부하며 소일하기보다는 시간 대부분을 오입질, 연회, 도박에 탕진한다. 그러다보니 남보다 나은 구석이라곤 하나도 없는 자들이 교사랍시고 일고의 가치도 없는 것을 가르치면서 자신들의 물욕만 채운다. 이러한 상황에서는 구실이 난무하는 법이다. 어린 아이들은 마음이 여려서 아직 수업을 감당하기에 시기상조라든가, 유년기에는 학습의 이득이 변변치 않다는 등 변명이 넘쳐난다. 반면에 우리는 단지 그릇된 교육으로 인한 피해만을 비판하는 입장이다.

나는 오랜 논의로 지겨움만 더하고 싶지 않다. 당신이 다른 일들을 처리하면서 보여주었던 실천적 지혜에 호소할 뿐이다. 우선 당부하기를 당신 아들이 얼마나 소중한 존재이고, 지식의 추구가 얼마나 다면적이고 힘들면서도 영예로운 일인지를 생각하라. 다음으로 아이의 마음이 민첩하게 모든 지식을 수용하고, 인간 마음의 일반적인 특징인 유연함도 겸비하고 있음을 명심하라.

아이는 본성에 적합한 것은 무엇이든지 쉽게 배우는데, 특히 지혜롭고 인간적인 교사가 놀이를 가장해 교과를 가르칠 때 그러하다. 게다가 나이가 들면 배우기 힘들고 자주 잊어버리는 것들도 어려서는 쉽게 익히고 오래 기억한다. 마지막으로 시간이 얼마 소중한지를 숙고하라. 한 번 지나간 시간은 다시 오지 않는다. 그러므로 일찍 시작하고, 시기적절하게 행동하는 것이 가장 중요하다. 끈기의 힘도 대단하다. 헤시오도스의 말처럼 낱알들이 하나 둘씩 쌓여 마침내 큰 산을 이루는 것이다. 무엇보다도 시간은 덧없이 빠르고, 젊음은 늘 바쁘며, 노년은 배움 너머에 있음을 기억하라. 이러한 점들을 모두 고려했을 때 당신은 갓 태어난 아들이 7년은 말할 것도 없고 단 3일도 지식의 최초의 토대를 쌓는 일에 소홀한 것을 보지 못할 것이다.

해설

에라스무스는 1509년경에 『아동교육론』을 완성했다. 그러나 이 조그만 논고의 출간은 에라스무스가 기독교 가정의 도덕적 토대와 교육의 문제에 관심을 갖게 되는 1520년대 후반기까지 미루어졌다. 에라스무스의 『아동교육론』은 기독교 인문주의에서 말하는 아이들의 바른 교육을 위한 지침과 부모들의 자녀교육에 대한 책임에 부합하는 글이었다.

1529년 에라스무스는 『문체론』의 부록편으로 20년 남짓 미출판 상태였던 『아동교육론』을 세상에 내 놓았다. 우선 『아동교육론』은 형식적인 측면에서 수사학적인 논의 전개의 바람직한 모범을 보이려는 시도였다. 에라스무스의 목적은 『문체론』에서 수사학의 원칙을 설명한 다음, 그러한 원칙을 『아동교육론』에서 문학적으로 시연하는 데 있었다. 그러나 내용적인 측면에서 『아동교육론』은 고대 자유교육의 이상을 그 시대의 기독교 정신에 입각해 재구성한 것이었다. 에라스무스의 목적은 '경건한 인문주의'라는 시대적 바람을 담아 학문적 지혜에 종교적 신실함이 더해진 교육 담론을 전개하는 데 있었다.

오늘날 『아동교육론』이 사람들의 관심을 끄는 것은 에라스무스가 수사학의 원칙을 '아동교육'이라는 주제 하에 문학적으로 시연했기 때문이 아니라, 당대 최고의 인문주의자로 손꼽히던 자의 글을 통해 르네상스기 교육의 이상과 원칙을 살펴볼 수 있기 때문이다.

1. 교육의 중요성

에라스무스는 『아동교육론』에서 인간의 행복을 결정하는 세 가지 요소로 "본성, 방법, 실천"을 강조했다.(60) 여기서 본성은 인간의 선천적인 성향과 능력을, 방법은 후천적인 학습을, 그리고 실천은 실생활에서의 연습이나 훈련을 의미한다. 에라스무스는 위의 세 가지 요소가 서로 긴밀히 결합되어 본성은 방법을 통해 개발되고 방법은 실천을 통해 완성되어야 한다고 보았다.

비록 에라스무스는 인간의 천부적인 재능을 인정하고 인간이 반복되는 생활 경험을 통해 어느 정도 지혜에 도달할 수 있다는 사실을 부정하지 않았지만, 그의 중심적인 논지는 인간이 학습, 즉 교육을 통해서 비로소 참된 의미에서 인간이 되고 행복해 진다는 것이었다. 에라스무스는 인간의 선천적인 기질이나 성격이 고정불변의 요소라고 생각하지 않았으며, 교육의 혜택 없이 단지 실천적인 경험을 통해서만 지혜에 도달할 수 있다고 주장하는 것은 잘못이라고 생각했다. 오히려 에라스무스는 인간의 선천적인 본성이 후천적인 학습을 통해 변화될 수 있다고 보았으며, 시행착오의 뼈아픈 경험보다 학습이라는 안전한 방법을 통해 이해와 지혜에 도달할 것을 충고했다.

> 방법[학습]을 통해 우리는 재빨리 어떤 행동이 옳고 그른지를 판단한다. 뒤늦게 바른 방향을 제시하는 것이 아니어서 "이러한 행동은 당신에게 해롭군요. 다음부터는 조심하는 것이 좋겠어요"라는 식으로 말하지 않는다. 오히려 우리가 첫 발을 내딛기 전부터 "만일 이렇게 행동한다면 당신은 망하지도 불명예를 뒤집어쓰지도 않을 거예요"라고 목청을 높인다.(62)

같은 맥락에서 에라스무스는 스파르타의 입법가 리쿠르고스의 두 마리 개에 대한 일화를 소개하면서 교육이 인간에게 중요함을 우회적으로 강조했다.

> 순종이지만 훈련을 잘 받지 못한 녀석은 눈앞 먹이에만 온통 관심이 있을 뿐 사냥감은 흘려보냈으나, 잡종임에도 불구하고 훈련을 잘 받은 녀석은 눈앞 먹이는 쳐다보지도 않고 사냥감을 쫓는 데만 열심이었다. 이 이야기는 본성의 힘은 강하나, 교육의 힘은 더욱 강하다는 사실을 말해준다.(37)

에라스무스는 교육이 인간에게 중요하다는 생각에서 아이들의 교육을 가능하면 일찍 시작하라고 말했다. 부모들은 아이들이 태어나기 전부터 자녀교육에 관심을 가져야 한다. 장차 아버지 될 사람은 좋은 집안에서 교육받은 건강한 여자를 아내로 맞이해야 한다. 남편은 술에 취하거나 감정적으로 흥분된 상태에서 아내와 잠자리를 가져서는 안 된다. 몸속에 남아 있는 나쁜 기운이 감염을 통해 자궁 속 태아에게 전달될 수 있기 때문이다. 에라스무스는 철학자 디오게네스의 일화를 들려준다.

> 일찍이 한 성인[디오게네스]은 술에 취해 몸을 가누지 못하는 젊은이에게 "자네 부친께서는 만취 상태에서 자네를 임신시킨 것이 분명하네"라고 말했다.(68)

일단 아이들이 태어나면 그들을 곧 몸과 마음이 건강한 유모에게 맡겨야 한다. 그러나 엄밀한 의미에서 교육은 아이들이 교사의 가르침을 받을 만큼 성장했을 때 시작하는 것이고, 따라서 에라스무스는 유년기의 교육을 논하면서 교사 선정과 관련된 부모들의 교육적 책임에 주목했다.

2. 부모들의 교육적 책임

에라스무스는 『아동교육론』에서 부모들이 자녀교육에 관심이 없어서 아이들을 자질이 부족한 교사에게 맡긴다고 비판했다. 이들은 '부모'라는 이름을 가질 자격도 없고, 아동교육법에 따라 처벌을 받아 마땅한 사람들이다. 에라스무스는 그 이유를 다음과 같이 설명했다.

> 당신이 일면식도 없는 사람에게 말이나 별장의 관리를 맡긴대도 이상하고 창피한 노릇인데, 하물며 당신의 가장 소중한 자산인 아들을 생면부지의 남에게 맡긴다면 참으로 부끄러운 일이다. 어떤 때는 최고 전문가의 조언에 따라 열심히 배우고 부족한 지식을 채우는 당신이 아들의 교육만은 아무에게나 맡겨도 괜찮다고 생각하는가? 당신은 하인들의 업무

분장에는 신경을 곤두세운다. 누구에게 농장을, 부엌을, 집 관리를 맡길 것인지를 곰곰이 따져본다. 그러나 오직 한 사람만은 할 줄 아는 일이 하나도 없어도, 게으르고 무지해도 상관없다고 생각한다. 바로 당신 아들을 교육하는 사람이다. 진실로 장인의 솜씨를 요하는 일에 당신은 하인들 중에서도 가장 별 볼일 없는 자를 임명한다. 이보다 정신 나간 짓이 있을까?(64-65)

왜 사람들은 아이들의 교육을 최고의 교사에게 맡기려 하지 않는가? 에라스무스는 일차적인 원인이 부모들의 무지나 부주의, 또는 경험 부족에 있다고 진단했다. 그러나 문제는 부모들이 교사 선정에 필요한 지식, 정보, 경험 등을 가지고 있음에도 불구하고 아이들의 교육을 무지한 노예나 야만인, 또는 신분이 불안정한 사람들에게 맡긴다는 것이다. 에라스무스는 먼저 경제적인 이유에 주목했다. 부모들은 돈을 아끼려는 목적에서 아이들을 위해 능력 있는 가정교사를 고용하는 일을 꺼린다는 것이다. 에라스무스는 철학자 아리스티포스의 흥미로운 이야기를 소개한다.

어느 날 지갑만 두둑했지 머리는 비어있는 사내가 철학자 아리스티포스에게 다가가서 얼마를 주면 자기 아들을 교육시켜주겠느냐고 물었다. 아리스티포스가 대번에 500드라크마를 요구하자, 이 사람은 소스라치게 놀라면서 '500드라크마는 무척 큰돈입니다. 그만한 돈이면 쓸 만한 노예도 한 명 살 수 있죠'라고 말했다. 그러자 아리스티포스는 "옳은 말입니다. 그러나 당신은 그 돈으로 한 명이 아닌 두 명의 충복을 거느릴 수 있죠. 자신의 의무를 다하는 아들과 그런 아들을 가르치는 철학자를 말이에요"라고 재치 있게 대답했다.(66)

이러한 경제적인 요인 말고도 에라스무스는 지각 있는 부모들이 친구의 권유나 부탁을 받고, 아니면 친구에 대한 호의 때문에 아이들의 가정교사를 선택하면서 자신들의 판단력을 사용하지 않는다고 주장했다. 에라스무스는 친구의 추천으로 잘 가르칠 교사를 대신해 능력이 떨어지는 교사를 선택하는 부모들의 어리석음을 지적하면서 다음과 같이 되묻고 있다.

왜 당신은 그런 바보 같은 짓을 하는가? 바다를 항해할 때 당신은 다른 사람들의 의견에 흔들리지 않고 최고의 키잡이에게 배를 맡기지 않는가? 그런 당신이 왜 아들의 인생 항해(그 자신뿐만 아니라 부모와 가문과 사회의 복락과도 밀접히 관련된)를 준비하면서는 전혀 판단을 하지 않는가? 당신은 병든 말을 치료하는 수의사를 시술 능력은 고려하지 않고 친구의 추천만으로 선발하는가? 당신에게 아들은 말보다도 못한 존재란 말인가? 아니면 당신 자신이 말보다 못하단 말인가?(67)

이러한 비판적인 논의를 통해 에라스무스는 교사 선정과 관련된 부모들의 관심을 촉구했다. 그러나 아이들이 학식과 도덕성과 경험을 겸비한 교사의 지도를 받는다고 해서 부모로서의 의무가 모두 끝난 것은 아니다. 부모들은 계속해서 교사와 학생을 면밀히 관찰해야 한다. 자주 교실을 찾아 아이들이 얼마나 향상되었는지를 확인해야만 교사도 열심히 가르칠 것이다. 에라스무스는 부모들의 끊임없는 주의와 응시가 아이들의 교육을 좋게 만들 수 있다고 믿었다.

3. 유년기 학습의 가능성과 이점

『아동교육론』의 핵심 논지 중 하나는 아이의 학습을 가능한 한 일찍 시작하라는 것이다. 에라스무스는 교육의 최초의 과제가 아이에게 분명하고 정확하게 말하는 법을 가르치는 일이라고 말했다. 아이의 말하기 능력은 앞으로 있을 모든 학습의 토대가 된다. 그러나 동시대 부모들은 헤시오도스의 권위를 빙자해 아이가 일곱 살이 될 때까지 학습에 참여해서는 안 된다고 주장했다. 그러나 에라스무스는 이러한 주장이 낭설에 불과하다고 지적했다.

> 학식 있는 사람이라면 당연히 아이들을 일곱 살이 될 때까지 공부를 시켜서는 안 된다는 주장을 받아들이지 않았다. 헤시오도스가 이러한 견해의 원조 격으로 여겨지고 있으나, 문법학자 아리스토파네스는 이러한 의견이 수록된 『교훈집』이 헤시오도스의 작품이 아니라고 말한다. 문제의 이 저자는 꽤나 유명한 인물이었음이 틀림없다. 심지어 학자들조차 헤시오도스가 저술했다고 착각할 정도로 훌륭한 작품을 남겼기 때문이다. 설령 이 작품이 헤시오도스의 것이 아니라 하더라도, 우리는 헤시오도스의 권위 운운하며 다른 범부가 제안한 더 좋은 충고를 따르지 않아서는 안 된다. 사실 이러한 견해에 동조하는 사람들조차 아이들이 배움과 전적으로 담을 쌓아야 한다고 생각하는 것은 아니다.(78)

에라스무스는 어린 아이의 학습을 터부시하는 풍조가 헤시오도스에서 비롯된 것도 아니고, 설령 다른 권위 있는 사람의 주장이었다 하더라도 지혜롭지 못한 것이라고 일축했다. 그러고는 유년기의 학습을 반대하는 동시대 부모들의 주장들을 하나씩 반박했다.

우선 에라스무스는 어린 아이가 배운 것을 제대로 이해할 수 없다는 주장을 반박했다. 유년기에 아이들은 주로 언어를 배운다. 그런데 언어 학습에는 어린 시절만큼 좋은 때도 없다. 에라스무스는 언어 학습이 기억 능력과 모방 능력이라는 두 개의 정신 능력에 의존한다는 점을 들어 아이가 아직 어려서 기억력이 좋고 주변에서 듣고 보는 것을 따라하려는 모방 의지가 왕성할 때, 언어 학습이 가장 성공적일 수 있다고 주장했다.

다음으로 에라스무스는 어린 아이가 학습의 노고를 견딜만한 힘이 부족하다는 주장을 반박했다. 에라스무스는 아이들처럼 온종일 쉼 없이 뛰어다녀야 한다면 "위대한 밀로"(128)도 곧 지치고 말 것이라고 말하면서 아이의 힘을 과소평가해서는 안 된다고 주장했다. 오히려 유년기에는 공부와 놀이의 경계가 불분명하여 아이는 공부를 놀이로 간주하면서 지칠 줄 모르는 삶의 에너지를 학습으로 전이시킬 수 있다. 결국 학습은 가능한 한 일찍부터 시작하는 것이 좋고, 아이는 어려도 공부의 수고를 감내할 만큼 충분히 활력 있는 존재라는 것이다.

마지막으로 에라스무스는 어린 아이가 공부로부터 얻는 이득이 수고와 비용에 비해 너무 적다는 주장을 반박했다. 물론 에라스무스도 유년기의 학습량이 얼마 되지 않는다는 사실을 알고 있었고, "아이가 태어나서 처음 3·4년보다 나중에 1년 동안 더 많은 것을 배울 것"(130)이라는 점도 모르지 않았다. 그러나 학습은 그 자체로 가치가 있을 뿐만 아니라, 유년기의 성과는 조그만 것이라도 폄하해서는 안 되는 것이었다. 에라스무스는 그 이유를 다음과 같이 설명했다.

> 유년기에 배운 내용이 얼마 되지 않아도 그것을 온전히 자기 것으로 만든 아이는 나중에 높은 단계의 학습(그렇지 않았다면 여전히 초보적인 수준에 머물러 있어야 하겠지만)으로 나아갈 수 있다. 퀸틸리아누스의 말대로 "한 해 두 해 쌓인 지식이 종국에는 거대한 산을 이루고, 아동기에 벌어둔 시간은 청소년기에 이롭게 사용될 것이다."(130)

4. 교육과정의 문제

에라스무스는 인문주의자로서 교육과정을 고대의 언어와 문학으로 구성하고자 했다. 우선 에라스무스는 고전어 학습을 강조했다. 에라스무스는 국적과 언어가 없는 '세계주의자'로서 당시 지식인 사회에서 국제어로 통용되고 있었던 라틴어와 문예부흥 이후 지혜의 언어로 새롭게 각광받고 있었던 그리스어를 모국어보다 중시했다. 에라스무스는 아이의 학습을 고전어로부터 시작해야 한다는 입장이었다. 모국어의 경우에는 특별한 훈련이나 연습 없이도 일상적인 삶의 과정에서 자연스럽게 습득할 수 있기 때문이다.

다음으로 에라스무스는 아이에게 적합한 학습으로 고대 문학을 꼽았다. 에라스무스는 고전을 통한 덕성의 계발을 염두에 둔 채 아이에게 고대 작가들의 도덕적 작품들, 이를테면 이솝우화, 오디세우스의 이야기, 고대의 전원시와 희극 등을 선별하여 가르칠 것을 주장했다. 아직 고대 철학자들의 윤리서는 에라스무스의 독서목록에 포함되지 않았다. 아이가 키케로, 아리스토텔레스, 세네카, 플루타르코스의 도덕집을 읽을 지적인 준비가 되어 있지 않은 까닭이다. 어린 아이의 경우에는 문학적인 이야기의 형식을 빌려 도덕적 교훈을 전달하는 것이 철학적인 설교나 훈계의 방식보다 더 적합한 학습 형태라는 것이다. 이런 관점에서 에라스무스는 아이의 교육과정을 쉽고 재미있는 그러면서도 도덕적인 고대 작가들의 우화와 이야기, 또 교훈적인 짧은 속담이나 경구 등으로 채우고자 하였다.

에라스무스는 '도덕성'이라는 잣대를 교과의 범주를 넘어 일상생활에까지 적용했다. 에라스무스는 한편으로는 고대 작가들의 교훈적 작품들을 통해 아이에게 도덕적 삶을 '공식적'으로 가르치고자 했지만, 다른 한편으로는 오늘날 우리가 잠재적 교육과정이라 부르는 '비공식적' 학습 결과에도 관심을 가졌다. 에라스무스는 아이의 덕성을 책을 통해서 뿐만 아니라 일상생활의 본보기를 통해서도 기를 수 있다고 믿었다.

에라스무스에 따르면, 아이는 태어나자마자 주변의 모든 것을 부지불식간에 흡수한다. 물론 아이는 선한 것보다 악한 것에 마음이 끌리고 도덕적으로 옳지 못한 것을 쉽게 받아들인다. 그 결과 나중에 고쳐야 할 나쁜 습관을 형성하고 만다. 이와 관련해 에라스무스는 당시 "어린 아이들이 알렉산드리아의 방탕한 젊은이들 사이에서도 찾아보기 힘든 저속한 언어들에 방치되어 있다"(53)라는 사실을 지적하고, 그러한 좋지 못한 학습 환경에서 아이들은 자신들도 모르는 사이에 잘못된 언어 습관을 형성할 수 있다고 주장했다. 그밖에도 알렉산더 대왕의 경우를 들어 어린 시절 교사의 나쁜 영향이 성인이 되어서도 사라지지 않음을 강조했다.

> 알렉산더 대왕의 성격적 결함은 가정교사였던 레오니다스에서 비롯되었다는 이야기가 있다. 그는 이러한 단점을 나중에 제국의 최고 통치자가 되고서도 떨쳐 버리지 못했다.(84)

결국 에라스무스는 유년기의 인상이 가장 오래가는 것이라는 명제로부터 출발하여 어린 아이의 경우에는 나쁜 습관을 들이지 않는 것이 좋은 습관을 기르는 것보다 중요하며, 이를 위해 아이가 어려서부터 '누구'의 젖을 먹고, '누구'의 가르침을 받으며, '누구'와 함께 노느냐가 차이를 만든다고 주장했다.

5. 교육 방법에 대한 제언

에라스무스는 방법적인 측면에서 동시대를 앞서 있었다. 에라스무스는 자신의 경험과 고대의 권위에 의존해 아이의 체벌에 반대하는 논의를 전개했다. 우선 에라스무스는 과거의 자기 경험을 토대로 학교에서 행해지는 상습적인 체벌이 아이들의 심신에 상해를 입힐 뿐만 아니라 교육에도 전혀 도움이 되지 않는다는 사실을 지적했다. 다음으로 에라스무스는 퀸틸리아누스의 입을 빌려 아이를 매질하는 그 시대의 교육 관습을 비판했다. 논점은 체벌이 아이에게 모멸감을 주고, 공부를 하지 않는 아이에게는 효과가 없으며, 교사가 유능하다면 불필요한 교육 방법이라는 것이다.

아이에게 체벌을 가해서는 안 된다고 주장한 다음, 에라스무스는 아이들의 심리상태를 이용하는 교육 방법을 제안했다. 이것은 교육의 과정에서 회초리가 아닌 아이들의 내적 동인을 강조하는 인간적이고 자발적인 훈육 방식이다.

> 아이들의 마음에는 승리와 경쟁의 동기뿐만 아니라 불명예의 두려움과 칭찬받으려는 욕구도 깊이 뿌리박혀 있다. 특히 지적인 능력이 탁월하고 활력이 넘치는 아이들이 그러하다. 교사는 이러한 내적 동인들을 활용해서 아이들의 교육을

> 성공적으로 이끌어야 한다. 교사가 간청, 격려, 칭찬, 보상 등의 방법을 사용하고도 학업상의 진전을 이루지 못한다면 학생들 간의 경쟁을 통해 창피를 주는 방안을 강구해야 한다. 게으른 학생은 동료 학생들이 칭찬받는 소리를 들어야 한다. 교사의 훈계에는 귀를 막고 있는 소년도 동년배들과의 경쟁심이 발동하면 부지런을 떨 것이다. 승리의 월계수가 모든 것이 되어서는 안 된다. 패자에게도 열심히 노력하면 언제든 지금의 수모를 씻어낼 수 있다는 희망이 있어야 한다.(125-126)

에라스무스는 또한 아이들의 능력을 고려하는 점진적이고 자연스러운 교육 방법을 선호했다. 그러나 당시 학교의 상황은 그리 녹록치 않았다. 아이를 마치 어른 다루듯 하면서 유년기의 특성을 고려하지 않는 과도한 학습과 무분별한 체벌이 성행했다. 에라스무스의 증언대로 학교는 점차 "고문의 장소"(92)로 변해가고 있었다.

이와 달리 에라스무스는 '아이'라는 입구가 좁은 물병에 '학습'이라는 물을 조금씩 천천히 부어넣을 때 비로소 교실에서 회초리 소리, 아이의 울부짖는 소리, 교사의 야만적인 고함 소리가 사라질 수 있다고 생각했다. 이를 위해 교사는 아이의 입장에서 교육의 과정을 바라보면서 아이 마음이 수용할 수 있는 학습의 양을 고려하고, 특히 아직 미발달 상태인 아이에게는 한 번에 너무 많은 양을 제공하지 않도록 조심해야 한다.

에라스무스는 고대의 유명한 운동선수 이야기를 들려주면서 피곤함을 동반하지 않는, 그러나 시간이 지남에 따라 뚜렷한 성과가 나타나는 방법에 대해 말하고, 하나씩 천천히 쌓아가는 학습 과정에 피로란 있을 수 없다는 사실을 암시했다.

> 우리는 송아지를 등에 업고 매일 일정 거리를 뛰어다닌 운동선수의 이야기를 듣는다. 그는 송아지가 황소로 자란 뒤에도 자신의 몸에 무리를 주지 않고 이 일을 계속 할 수 있었다. 들고 뛰는 송아지의 무게가 매일 감지할 수도 없을 만큼 조금씩 늘어났기 때문에 가능한 일이었다.(115-116)

마지막으로 에라스무스는 놀이의 방법을 통해 아이를 교육할 것을 제안했다. 에라스무스는 유년기와 놀이가 서로 불가분의 관계에 있다고 생각했다. 에라스무스는 가르치는 일에 놀이의 외양을 제공하여 아이가 학습의 과정을 놀이의 과정으로 인식할 때, 비로소 학습이 가능하다고 보았다. 예컨대 아이에게 알파벳을 가르친다고 생각해 보자. 에라스무스는 글자 공부를 놀이의 일부로 만들기 위해 고대 교사들이 사용했던 많은 재치 있는 방법들을 소개했다. 골자는 놀이를 가장한 학습이 아이의 마음을 배움에 더 가깝게 한다는 것이고, 이를 위해 학습의 과정에서 모든 "고역의 흔적"(123)을 제거하라는 것이다.

옮긴이 소개

김성훈은 강원도 춘천에서 태어났다. 강원대학교를 졸업하고 캐나다 앨버타대학교에서 교육학을 공부하여 철학박사 학위를 취득했다. 현재 강원대학교 교육학과 교수로 재직 중이다. 서양교육사 연구와 서양교육고전 번역에 관심이 있다. 이 방면의 저역서로 『영국의 교육사상가들』, 『교육학 명문 100선』, 『루소 교육 소저작』 등이 있다.

E-mail: seonghoonkim@kangwon.ac.kr

에라스무스 아동교육론(개정판)

발행일 1쇄 2017년 4월 30일
지은이 에라스무스
옮긴이 김성훈

펴낸이 여국동
펴낸곳 도서출판 인간사랑
출판등록 1983. 1. 26. 제일 - 3호
주소 경기도 고양시 일산동구 백석로 108번길 60-5 2층
물류센타 경기도 고양시 일산동구 문원길 13-34(문봉동)
전화 031)901 - 8144(대표) | 031)907 - 2003(영업부)
팩스 031)905 - 5815
전자우편 igsr@naver.com
페이스북 http://www.facebook.com/igsrpub
블로그 http://blog.naver.com/igsr
인쇄 인성인쇄 **출력** 현대미디어 **종이** 세원지업사

ISBN 978 - 89 - 7418 - 362 - 2 93370

* 책값은 뒤표지에 있습니다. * 잘못된 책은 바꿔드립니다.

이 도서의 국립중앙도서관 출판시도서목록(CIP)은 서지정보유통지원시스템 홈페이지(http://seoji.nl.go.kr)와
국가자료공동목록시스템(http://www.nl.go.kr/kolisnet)에서 이용하실 수 있습니다.(CIP제어번호: CIP2017008783)